Studying Earth Science **in English**
영어로 지구과학

원서보다 먼저 읽는
영어로 지구과학

2013년 4월 26일 초판 1쇄 발행
2024년 3월 1일 초판 4쇄 발행

지은이 원서읽기연구소
펴낸곳 부키(주)
펴낸이 박윤우
등록일 2012년 9월 27일 등록번호 제312-2012-000045호
주소 서울시 마포구 양화로 125 경남관광빌딩 7층
전화 02) 325-0846
팩스 02) 325-0841
홈페이지 www.bookie.co.kr
이메일 webmaster@bookie.co.kr
제작대행 올인피앤비 bobys1@nate.com
ISBN 978-89-6051-296-2 14740
       978-89-6051-293-1 (세트)

책값은 뒤표지에 있습니다.
잘못된 책은 구입하신 서점에서 바꿔 드립니다.

원서보다 먼저 읽는
영어로 지구과학

원서읽기연구소 지음

Studying Earth Science
in English

머리말

1 Introduction for the Learners

왜 원서 읽기에 실패를 거듭하는가?

흔히들 영어 원서 읽기를 '로망'으로 생각하곤 합니다. 하지만 대학에서 전공 공부에 충실하겠다고 결심한 이들이나 필요에 의해, 혹은 취미로 특정 분야의 지식을 혼자 공부하려고 하는 이들에게 해당 분야의 영어 원서 읽기란 '로망'이 아니라 반드시 갖춰야 할 '필요조건'이자 '소양'입니다.

그럼에도 영어 원서 읽기가 '로망'으로 치부되는 데에는 그만한 이유가 있습니다. 사실 상당수 대학에서는 수업 중에 영어 원서 교재가 사용됩니다. 심지어 일부에서는 아예 '원서 강독' 같은 과목을 개설하여 영어 원서 읽기를 독려합니다. 하지만 실제로 영어 원서를 끝까지 읽는 데 성공하는 경우는 열에 하나가 되지 않는 것이 현실입니다. 그러니 영어 원서 읽기가 '로망'이 될 수밖에요.

왜 이렇게 많은 사람들이 영어 원서 읽기에 실패하는 걸까요? 기초가 부족해서 그런 걸까요? 그렇다면 수능 영어 성적을 1등급으로 받은 학생들이 영어 원서 읽기에 실패하는 이유는 어떻게 해석해야 할까요? 사실 영어 원서를 읽는 데 실패하는 이유는 따로 있습니다.

첫째, 기초 용어에 대한 지식이 너무나 부족하다.

지구과학을 예로 들어보겠습니다. 여러분은 이미 기단도 알고, 대기의 순환도 알고, 편서풍도 알고, 무역풍도 알고, 적도 수렴대, 저위도 지방, 고위도 지방, 극지방도 알고 있습니다. 하지만 **air mass, atmospheric circulation, westerlies, trade wind, intertropical convergence zone, low lati-**

tudes, high latitudes, polar regions이 그에 해당하는 단어라는 것도 알고 있나요? 이렇게 기초 용어에 대한 지식이 부족하면 원서 읽기는커녕 사전에서 단어 찾기에 급급하게 됩니다. 그러다 보면 단어를 찾다 지쳐 영어 원서를 고이 모셔두게 되고요.

둘째, 표현이나 설명 방식이 낯설 때가 많다.

지구과학을 예로 들어보겠습니다. 여러분은 조수가 무엇인지 이미 알고 있습니다. 하지만 조수에 대한 설명이 "Tides are the rise and fall of sea levels caused by the combined effects of the gravitational forces exerted by the Moon and the Sun and the rotation of the Earth."라고 나오면 곤혹스러워집니다. 왜냐하면 이 설명을 '조수란 해수면이 높아졌다 낮아지는 것으로, 달과 태양 사이의 인력과 지구의 자전에 따라 중력이 작용해 생겨난다.'라고 우리말로 번역해도 내용을 단번에 파악하기 쉽지 않은데, 영어로 접하면 더욱 어렵게 느껴지기 때문입니다.

셋째, 모르는 내용을 접해야 하는 경우도 많다.

물론 우리말로 쓰인 책이라면 별 문제가 없습니다. 무슨 말이지, 잘 모르겠는데… 하면서도 차근차근 반복해서 읽다보면 어느 순간, 어느 정도 감이 오게 마련이니까요. 하지만 영어 원서의 내용은 파악하기가 쉽지 않습니다. 왜냐하면 내용을 잘 파악하지 못하는 이유가 단어를 몰라서 그러는 건지, 표현이나 설명 방식이 낯설어 그러는 건지, 내용 자체를 충분히 알지 못하는 건지 제대로 파악할 수 없기 때문이죠. 사실 이 문제는 기초 용어를 어느 정도 마스터하고, 영어식 표현이나 설명 방식에 익숙해지면 충분히 해결할 수 있습니다. 우리말로 쓰인 책을 읽을 때처럼 모르는 부분은 우선 넘어가고 계속해서 차근히 읽어나가면서 파악하면 되니까요.

왜 원서 읽기에 도전해야 하는가?

이야기가 이쯤 되면 "그러면 나는 번역서를 읽으면 되겠군." 하고 생각하는 경우가 많습니다. 그렇지만 유감스럽게도 소설이나 논픽션이 아닌 이상, 번역서를 읽는 것이 영어 원서 읽는 것 못지않게 어려운 경우가 많습니다.

이것은 오역이나 표현상의 한계로 생기는 문제가 아닌 구조적인 문제입니다. 우선 학술서나 전문서에 쓰이는 우리말은 그 자체가 어렵습니다. 예를 들어 철학에서 사용되는 오성(惡性)이라는 용어는 흔히 논리적으로 설명이 어려운 정신적 깨달음으로 사유하는 능력을 뜻하는데, 영어에서는 **understanding**이라고 하고, **sensibility**(감성) 또는 **perception**(지각)과 대립하는 개념으로 사용됩니다. 어떤가요? 오성보다 **understanding**이 훨씬 더 쉽게 다가오지 않나요?

게다가 아무리 번역을 잘해도 원서의 의미를 100% 정확하게 전달할 수 없습니다. 학술서나 전문서를 제대로 번역하려면 해당 분야에 대한 풍부한 지식은 물론 우리말 표현에도 능숙해야 하는데, 이 모두를 다 갖추는 것이 현실적으로 불가능하기 때문입니다. 해당 분야에 대한 지식이 풍부한 사람은 우리말로 전달하는 솜씨가 상대적으로 떨어지기 쉽고, 우리말로 전달하는 솜씨가 뛰어난 사람은 상대적으로 해당 분야에 대한 지식이 충분하기 어렵기 때문입니다.

여기저기에서 "원서로 공부하는 게 더 쉬워!" 하는 소리가 나오는 것도 바로 이런 이유에서입니다. 하지만 번역서를 가지고 공부할 때 생길 수 있는 심각한 문제는 따로 있습니다.

첫째, 번역량 자체가 턱없이 부족하다!

　우선 수많은 영어 원서들이 제때에 모두 번역되어 소개되지 않습니다. 국내에서 우리가 접할 수 있는 번역서는 그 양이 절대적으로 부족합니다. 현재 우리나라에서 매년 출간되는 약 4만 종(2102년 통계)의 도서 가운데 번역서는 약 25%를 차지하여 1만 종 정도가 출간된다고 합니다. 이는 전 세계에서 1년에 발행되는 도서 약 100만 종 가운데 국내에는 약 1% 정도만이 소개되고 있다는 의미입니다. 하루가 다르게 변화하고 발전하는 세계의 많은 지식과 정보, 그 가운데서도 책으로 엮어진 것의 1%만을 우리말로 읽을 수 있다는 의미입니다. 결국 세계의 앞선 지식을 모국어로 습득하기에는 번역량 자체가 턱없이 부족한 것이지요.

둘째, 논문은 번역 자체가 안 된다!

　문제는 번역서의 종수만이 아닙니다. 인터넷의 경우, 정보의 70%가 영어로 되어 있습니다. 그뿐인가요. 과학기술논문 인용색인(SCI) 등재 저널 수의 75%, 사회과학논문 인용색인(SSCI) 등재 저널 수의 85%가 영어권 저널입니다. 이렇듯 수많은 학문적 이론이나 지식, 정보가 영어 논문의 형태로 작성되어 쏟아져나오고 있지만 이 논문들이 번역될 가능성은 거의 없습니다. 결국 영어 원서 읽기가 안 되면 이 많은 논문들은 그야말로 그림의 떡이 되는 거죠.

2 How to Use This Book

이 책은 지구과학을 공부하는 학생들이 지구과학 관련 영어 원서 읽기에 보다 수월하게 적응할 수 있도록 돕는 것을 목표로 하고 있습니다.

기초 용어 확인은 basic concept

본격적인 원서 읽기에 나서기 전에 해당 단원의 주제와 관련된 기초 용어들을 최대한 빨리 확인하고 습득할 수 있도록 영한 혼용 방식으로 구성한 코너입니다. 이 코너를 통해 여러분이 알고 있는 자연과학 관련 기초 용어들의 영어 표현을 확인할 수 있으니 가급적 사전을 찾지 말고 한번에 쭉 읽으면서 영어와 한글을 동시에 여러분의 머릿속에 입력해보세요. 여기에 나오는 기초 용어는 이 단원에서 최소 3번 이상 반복해서 만나게 되니 굳이 따로 단어를 여러 번 쓰면서 일부러 외우지 않아도 자연스럽게 익히게 됩니다.

원서 읽기 도전은 reading earth science

영한 대역 방식으로 원서 읽기를 훈련하는 코너로, 우리가 알고 있던 자연과학 지식이 영어로 어떻게 표현되는지 구체적으로 확인할 수 있습니다. 여기에 수록된 제시문의 내용은 대부분 여러분이 이미 공부했거나 각종 매체들을 통해 한 번쯤은 접했던 것들입니다. 그렇기 때문에 비록 전문 용어가 많고, 문장이 까다로워 보여도 차근차근 읽다보면 충분히 이해할 수 있고, 횟수를 거듭하며 읽다보면 읽는 속도가 빨라지면서 재미가 붙을 것입니다.

우리말 대역 부분에는 주요 기초 용어는 물론 까다로운 단어와 숙어, 구문까지 한글 옆에 병기해 원서 읽기에 실질적인 도움을 줄 수 있도록 했습니다. 이 부분 역시 본문을 쭉 읽어나가는 것만으로도 학습이 되도록 구성했지만,

영어 실력이 부족하다고 느끼면 우리말 대역 부분을 먼저 보고 영어 부분을 읽어도 괜찮습니다. 다만 이후로는 반드시 영어 부분을 먼저 읽되, 최종적으로는 우리말 해석에 의존하지 않고 영어 부분을 읽을 수 있기를 바랍니다.

영어 문제 훈련은 problem solving

영어로 문제를 풀어보는 코너로, 시험에서 영어로 된 문제가 나왔을 때 당황하지 않도록 하기 위해 만들어졌습니다. 이 코너를 통해 자연과학 분야의 시험 문제가 영어로는 어떻게 출제되는지 경험할 수 있습니다.

복습에 추가 지식까지 rest in earth science

주제와 관련된 흥미로운 인물이나 사건의 에피소드를 읽으며 앞서 배운 내용을 복습하는 코너입니다. 주요 용어나 개념을 재미있게 복습하면서 이미 알고 있던 지식과 에피소드를 연결하여 배운 내용을 잊지 않도록 하는 동시에 다양한 상식을 배울 수 있도록 구성했습니다.

차례

머리말 5

1 Air Mass 기단 13

2 Atmospheric Circulation 대기의 순환 29

3 Climate Change 기후 변화 47

4 Circulation of Ocean Current 해류의 순환 67

5 Sea Wave and Tide 파도와 조수 87

6 Dynamic Earth 역동적인 지구 99

7 Earthquakes 지진 115

8 Volcanism 화산 활동 137

9 Ocean Resources 해양 자원 157

10 Constellation 별자리 175

11 Solar System 태양계 195

지구과학 용어 색인 216

1

Air Mass
기단

The answer, my friend, is blowing in the wind,
The answer is blowin' in the wind.
내 친구여! 그 대답은 바람만이 알고 있다네.
대답은 바람에 실려온다네.

—Bob Dylan(밥 딜런)

basic concept

지표의 성질을 반영하는
Air Mass

Air mass(기단)란, air(공기)가 오랫동안 한 area(지역)에 가만히 있으면서 earth surface(지표)의 characteristic(성질)을 반영해 형성된, temperature (기온)와 humidity(습도) 등의 atmosphere(대기) 상태가 similar(유사)한 큰 volume of air(공기 덩어리)를 말한다.

거대한 air mass가 일정한 characteristic을 띠려면 earth surface 위에 공기가 머물러 있어야 한다. Air mass는 넓은 범위에 일정한 characteristic을 띤 wind(바람)가 약하게 부는 area에 형성된다. 이 때문에 보통은 continent(대륙) 위, ocean(해양) 위에서 발달한다. Air mass가 형성되는 area 로는 wind가 약한 low latitudes(저위도 지방)와 high latitudes(고위도 지방), 특히 stationary anticyclone(정체성 고기압권)이나 pressure gradient(기압 경도)가 작은 대규모 low pressure(저기압권)가 있다. Middle latitudes(중위도대)는 heat exchange(열 교환)가 빈번하고 westerlies(편서풍)가 강하며 depression (저기압)이나 weather front(전선)가 쉽게 발생하므로 air mass가 만들어지기 어려운 곳이다.

Air mass는 source region(발원지)의 특성에 따라 구분할 수 있다. 첫 번째,

latitude(위도)에 따라 classify(구분)할 수 있다. 즉 low latitudes의 tropical air mass(열대 기단)와 high latitudes의 polar air mass(한대 기단), artic air mass(극 기단)로 classify할 수 있다. 두 번째, earth surface의 characteristic에 따라 습윤한 oceanic air mass(해양성 기단)와 건조한 continental air mass(대륙성 기단)로 classify할 수 있다. 물론 이 두 가지 characteristic은 함께 나타날 수도 있다. Low latitudes의 바다 위에서 형성된 air mass는 maritime tropical air mass(해양성 열대 기단)라고 하고, continent의 high latitudes에서 형성된 air mass는 continental polar air mass(대륙성 한대 기단)라고 한다. Air mass는 area의 weather(날씨)를 dominate(지배)하므로 climate(기후)에 affect(영향을 미치다)한다.

　Air mass는 source region에서 형성된 뒤, 주변으로 move(이동)한다. 이때 route(이동 경로)의 earth surface와 interact(상호 작용)하면서 air mass의 temperature와 humidity가 alter(변질)된다. Air mass가 move한 area의 earth surface의 temperature가 source region의 temperature와 차이가 날 때는 heating(가열)이나 cooling(냉각) 과정을 거친다. 예컨대 추운 곳에서 발원한 air mass가 따뜻한 곳으로 move할 경우, 하층부터 열을 받아 가열되면서 상층까지 alter된다. Likewise(마찬가지로), route의 earth surface에서 evaporate(증발)한 water vapor(수증기)가 air mass에 flow in(흘러 들어가다)되어 humidity 조건이 alter되는 경우도 있다. 또 육지에서 형성된 air mass가 ocean을 지나면서 water vapor를 absorb(흡수)해 구름을 만들기도 한다.

　이 밖에도 air mass는 다양한 이유로 alter되는데, air mass가 move하는 속도도 characteristic을 변화시키는 요인이다. Air mass가 빠른 속도로 move하면 그 characteristic이 거의 바뀌지 않지만, 느리게 move하면 earth surface의 characteristic이 air mass에 affect하여 크게 alter된다. 또 강제적으로 updraught(상승 기류)가 발생할 때도 alter된다. 즉 습한 air current(기류)가 산맥을 climb over(타고 넘다)하면서 비를 뿌려 humidity가 줄어들고 가열되면서 원래의 characteristic을 잃어버리기도 한다.

우리나라에 affect하는 air mass로는 continental polar air mass(대륙성 한대 기단)인 Siberian air mass(시베리아 기단), maritime polar air mass(해양성 한대 기단)인 Okhotsk sea air mass(오호츠크해 기단), maritime tropical air mass인 North Pacific air mass(북태평양 기단)와 equatorial air mass(적도 기단)인 Yangtze-river air mass(양쯔강 기단)가 있다.

Siberian air mass는 한랭 건조한 characteristic을 지닌다. 주로 겨울에 우리나라에 오며 늦가을이나 이른 봄에 올 때도 있다. Siberian air mass가 우리나라에 막 들어와 세력이 강할 때는 한랭한 northwest monsoon(북서계절풍)이 cold snap(한파)을 accompany(몰고 오다)한다. 이때 Yellow sea(황해)의 해안과 섬에 눈이 올 때도 있다. 그러나 2~3일 뒤에 Siberian air mass의 세력이 약화되면 weather가 온난 건조해지고, cold for three days and warm for four days(삼한사온)가 나타난다. 이때 continental anticyclone(대륙성 고기압)에서 separate(떨어져 나오다)한 migratory anticyclone(이동성 고기압)이 우리나라 주변에 머무르면서 weather가 포근해진다. 그러다가 이른 봄이 되면, 점차 약화되던 Siberian air mass가 잠시 강화되어 weather가 추워지면서 last cold snap(꽃샘 추위)이 나타난다.

Okhotsk sea air mass는 한랭 습윤한 oceanic air mass(해양 기단)로 장마가 시작되기 전 봄에 affect한다. Okhotsk sea air mass가 우리나라 영동지방에 처음 상륙할 때는 한랭 습윤하지만 태백산맥을 climb over하면서 characteristic이 alter되기 시작해 영서 지방에서는 weather가 맑고 temperature가 올라가는 Föhn phenomenon(푄 현상)이 발생한다. Föhn phenomenon이 생기면 drought(가뭄)가 이어져 모내기 철 벼농사에 wreak havoc on(피해를 주다)한다. 봄과 가을에 북동쪽으로 부는 Okhotsk sea air mass의 wind를 높새바람이라고 하는데, 이는 northeasterly wind(북동풍)를 말한다.

North Pacific air mass는 고온 다습한 characteristic을 띠고 있어 한여

름의 heat wave(무더위)를 일으킨다. North Pacific air mass가 Okhotsk sea air mass와 만나면 a seasonal rain front(장마전선)를 형성한다. North Pacific air mass가 직접적으로 affect하면 tropical night phenomenon (열대야 현상)이 발생해 muggy(무덥다)하고 discomfort index(불쾌지수)가 높은 weather가 이어진다. 낮 동안에 earth surface가 가열되면 updraugt가 발달하므로 shower(소나기)가 많이 내린다.

Equatorial air mass는 우리가 흔히 typhoon(태풍)이라고 말하는 tropical cyclone(열대성 저기압)으로, 늦여름과 초가을 사이에 일시적으로 affect한다. 흔히 strong wind(강한 바람)와 heavy rain(강한 비)을 동반하므로 막대한 피해를 끼친다.

Yangtze-river air mass는 중국 Yangtze-river 쪽에서 오는 온난 건조한 air mass로 봄과 가을에 affect한다. Yangtze-river air mass에 의해 yellow sand phenomenon(황사 현상)이 일어난다고 생각하기 쉽다. 그러나 실제로 yellow sand(황사)는 중국의 westerlies를 타고 우리나라까지 들어온다. 단, Yangtze-river air mass의 influence(세력)가 확장될 때 Northeast Asia(동북아시아) 전역이 건조해져 yellow sand phenomenon이 더 심각해질 수도 있다.

reading earth science

　　　　　　모든 기단들은 세 가지 공통점이 있다. 먼저, 기단은 그 크기가 크다. 이들의 직경은 1,000마일이 넘을 수도 있다. 기단은 폭이 넓을 뿐만 아니라(not only) 위로 수마일까지 높이 뻗어 대기권에 이를 수도(also) 있다. 둘째, 온도, 습도 그리고 안정성이 기단 내의 모든 곳에서 일관성 있게 있어야 한다. 셋째, 기단은 대기를 여행하는 동안 하나의 단위로 긴밀하게 결합되어 있어야 한다. 기단은 일정한 경로를 따라 계속 움직이기(push along its course) 때문에 흩어지지 않을 정도로 충분히 결합이 강해야 한다.

기단의 형성

　기단은 대양이나 큰 숲 같은 일관된 특성을 갖고 있는 지구의 여러 지역 위에서 형성된다. 기단이 형성되는 지역은 근원지라고 불린다. 기단이 형성되기 전까지 공기는 수일 동안 어떤 위치에 정지해 있다가 이동해야 한다. 바람이 없으면(the absence of) 기단이 형성되기 쉽다.

　또한 공기가 충분한 시간 동안 넓은 지역에 거쳐(over a large area) 머무를 정도로 안정되기 위해서는 고기압이 필요하다.

　기단의 온도는 주로 근원 지역과 이후 육지와 바다를 따라 여행하는 것에 따라 좌우된다. 차가운 기단은 대개 북대륙뿐만 아니라 북대서양과 태평양에서 형성된다.

　반면에(On the other hand) 따뜻한 기단은 일반적으로 남태평양, 남대서양 및 대륙의 남쪽 지역에서 형성된다. 시간이 좀 지난 뒤에 기단은 그들의 근원지를 떠난다. 이들은 다른 지역으로 이동하면서 그들의 근원지에서 보편적인 조건들을 가지고 간다.

　예를 들어 남아메리카처럼 남부 지역에 형성되는 기단은 따뜻할 것이다. 이 기단이 북부 지역으로 이동하기 시작하면서 남아메리카에 보편적인 따뜻

All air masses have three things in common. First, air masses are large in size. They can stretch for more than 1,000 miles across. Not only are air masses wide, they can also extend several miles upward, high into the atmosphere. Second, the temperature, humidity and stability must consistent throughout all points within the air mass. Third, an air mass must be bound together as a single unit while traveling across the atmosphere. It must be sufficiently strong so as to not break apart as it is pushed along its course.

Formation of air masses

Air masses develop above parts of the Earth that have consistent characteristics, such as the ocean, or a large forest. The region where an air mass is formed is called the source region. Before an air mass can develop, the air must be stagnant in a certain location for days before moving on. The absence of moving wind favors the development of air mass.

Also, high pressure is needed in order for the air to be stable enough to remain over a large area for a sufficient amount of time.

The temperature of an air mass depends largely on its source region and its subsequent journey over land and sea. Cool air masses often form over the North Atlantic and Pacific Oceans, as well as over the Northern continents.

On the other hand, warm air masses generally form in the

한 기온을 가지고 간다. 이 같은 상황이 발생할 때, 북부 지역 사람들은 그들에게 익숙해져 있는 것보다 훨씬 더 따뜻한 날씨를 경험하게 된다.

기단의 분류

기단은 그 근원지의 범위에 따라(according to), 그리고 그것이 대륙 위 혹은 해양 위에서 형성되느냐에 따라 분류된다. 근원지는 다음 네 그룹으로 분류된다: 북극지방, 극지대, 적도지방 그리고 열대지방

북극지방과 극지대의 근원지는 차가운 기단을 만드는 데 반하여 적도 지방과 열대지방은 따뜻한 기단을 생성한다. 두 개의 글자로 각각의 기단의 분류를 표시할 수 있다.

첫 번째 글자는 대문자로, 기단의 근원지를 나타낸다. 두 번째 글자는 소문자로, 기단이 대륙이나 해양에서 형성되었는지 여부를 나타낸다. 이 두 글자의 조합을 이용해서 우리는 기단의 온도와 습도, 두 가지 모두를 추정할 수 있다. 기단의 다섯 종류는 다음과 같다.

대륙 북극성 – cA   대륙 열대성 – cT
대륙 극성 – cP   해양 열대성 – mT
                       해양 극성 – mP

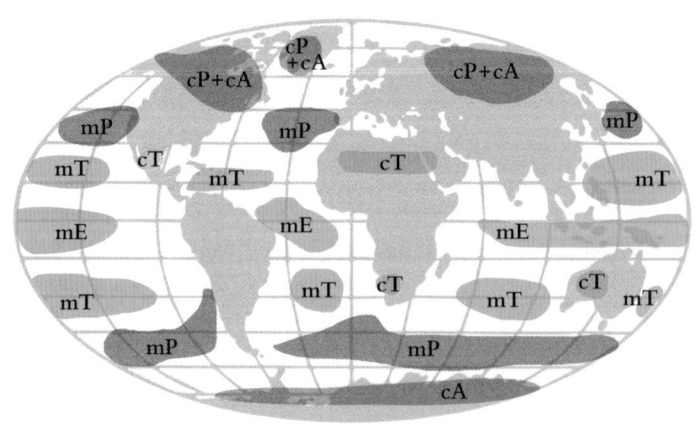

South Pacific, South Atlantic, and over the southern portion of continents. After some time, air masses leave their source region. As they move to other areas, they bring with them the conditions that are common to their source region.

For example, an air mass formed in the Southern region, like South America, will be warm. While this air mass starts to move to the Northern Region, it brings with it the warm temperature that is common in South America. When this happens, the Northern region will experience much warmer weather than they are used to.

Classification of air masses

Air masses are classified according to the scope of their source region, and according to whether they are formed over land or over water. The source regions are classified into four groups: arctic, polar, equatorial and tropical.

Arctic and polar source regions produce cold air masses, while equatorial and tropical regions create warm air masses. Each air mass classification can be represented by two letters.

The first letter is a capital letter which represents the source region of the air mass. The second letter is a lower case letter indicating whether the air mass was formed over land or sea. Using these two letter combinations we can estimate both temperature and humidity of an air mass. The five categories of air masses are:

continental arctic – cA   continental tropical – cT
continental polar – cP   maritime tropical – mT
                            maritime polar – mP

다른 온도를 가지고 통상 다른 수분 함량을 가진 두 기단이 서로 접촉할 (come into contact with each other) 때, 이것들은 서로 섞이지 않는다. 대신 공기는 그 자체의 기단 내에 머무르면서 전선을 형성한다. 전선은 두 상충되는 기단들이 만나는(rub together) 경계 부근에서 형성된다. 따뜻한 공기를 가져오는 전선은 온난전선이라고 하고 차가운 기단을 가져오는 전선은 한랭전선이라고 한다.

When two air masses with different temperatures and, usually, different moisture content, come into contact with each other, they do not mix. Instead the air stays within its own air mass and forms a front. This front forms a border between the two clashing air masses, as they rub together. Fronts that bring warm air are referred to as warm fronts while a front bringing in a cold air mass is referred to as a cold front.

problem solving

문제1 기단의 세 가지 공통점을 쓰시오.

문제2 기단의 다섯 가지 종류와 표시 방법을 쓰시오.

문제3 이 그림은 서로 다른 전선의 연직 단면을 나타낸 것이다. 이에 대한 설명으로 옳은 것을 모두 고르시오.

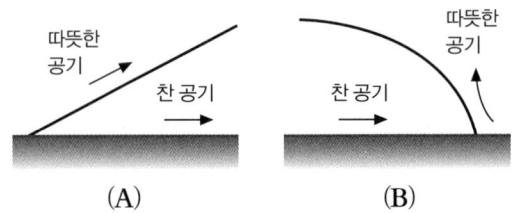

a. (A)가 통과하면 기온이 상승한다.
b. (A)가 접근하면 층운형 구름의 높이가 점차 낮아진다.
c. (B)가 통과하면 내리던 비가 그치고, 날씨가 맑아진다.
d. 전선의 이동 속도는 (A)가 (B)보다 느리다.

① a, d   ② b, c   ③ c, d   ④ a, b, c   ⑤ a, b, d

➜ 해답 **1.** Its size is big. It is consistent with temperature, moisture, and stability. It is tied as a single group while moving(크기가 크다, 온도, 습도와 안정성에 일관성이 있다, 이동 중 단일 부대로 묶여 있다). **2.** continental arctic, cA(대륙 북극성), continental polar, cP(대륙 극성), continental tropical, cT(대륙 열대성), maritime tropical, mT(해양 열대성), maritime polar, mP(해양 극성) **3.** ⑤

Example 1 Write three things of air mass in common.

Example 2 Write the five types of air mass and how to indicate them.

Example 3 The picture shows a vertical cross section of different fronts. Choose a number that has all correct explanations.

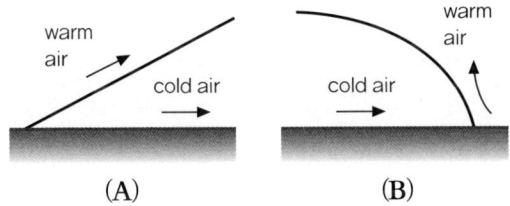

(A)　　　　　　　(B)

a. If (A) pass through, temperature raises.
b. Is (A) comes close, height of stratiform cloud lowers.
c. If (B) pass through, rain stops and the weather becomes fine.
d. Moving speed of front (A) is slower than front (B).

① a, d　　② b, c　　③ c, d　　④ a, b, c　　⑤ a, b, d

Air Mass 25

rest in earth science

Yellow dust(황사)란?

봄에 중국의 continent(대륙)가 arid(건조)해지면 중국의 Taklamakan desert(타클라마칸 사막), 몽골의 Gobi desert(고비 사막), 그리고 Yellow River(황하강)의 upstream(상류)에서 흙먼지가 westerlies를 타고 3,000~5,000미터 상공으로 올라가 우리나라까지 날아온다. 이것을 yellow dust(흙먼지)라고 하며, 엄청나게 많은 양의 germ(세균)이 들어 있기에 각별한 주의가 필요하다.

Yellow dust의 main component(주요 성분)는?

최근의 yellow dust에는 quartz(석영), feldspar(장석), mica(운모), kaolin(고령토), copper(구리)뿐만 아니라 cadmium(카드뮴)과 lead(납) 성분까지 들어 있어 air 중 heavy metal(중금속)의 concentration(농도)을 높이고 있다. 이 때문에 yellow dust의 particle(입자)이 respiratory organ(호흡기)이나 eye(눈)에 들어갈 경우 throat(목)와 eye가 따갑고 아픈 증상이 나타난다.

Yellow dust가 한 번 발생하면 East Asia(동아시아) 하늘에 떠 있는 dust는 약 100만 톤에 달한다. 이때 우리나라에 accumulate(쌓이다)되는 dust는 15톤짜리 덤프트럭 4,000~5,000대 분량인 4만 6,000~8만 6,000톤으로 알려져 있다.

Yellow dust의 side effect(부정적 영향)와 upside(긍정적 영향)

Yellow dust와 관련된 문제들은 우리나라 단독으로 나서서는 해결하기가 불가능하므로 중국과 몽골 같은 yellow dust source(황사 발원지)와 cooperate(협력)하여 countermeasure(대책)를 seek for(강구)해야 한다. Yellow dust에 의한 피해를 minimize(최소화)할 수 있는 ultimate(궁극적)한 방법은 anti-desertification(사막화 방지)이다. 삼성그룹, 대성그룹, 유한킴벌리 등 국내 여러 대기업들은 yellow dust source에 대한 anti-desertification을 위해 afforestation plan(사막녹화사업)을 expand(확대)해나가고 있다.

Yellow dust가 우리나라에 미치는 side effect로는 다음과 같은 것들이 있다.

첫째, atmosphere turbidity(혼탁도)가 커진다.

둘째, solar energy(태양에너지)가 줄어든다.

셋째, farm-product(농작물)의 growth(성장)에 피해를 입힌다.

넷째, respiratory disease(호흡기병)를 일으켜 사람들의 건강을 악화시킨다.

다섯째, traffic congestion(교통 장애)과 flight cancellation(항공기 결항)이 늘어난다.

여섯째, semi-conductor(반도체)나 electronic parts(전자 부품)의 error rate(불량률)가 늘어난다.

일곱째, 아웃도어 업계가 shrink(위축)되고 tourism(관광 산업) 등도 타격을 입는다.

한편 yellow dust의 upside로는 다음과 같은 것들이 있다.

첫째, acidic(산성의)한 soil(토양)을 neutralize(중화)해주는 role(역할)을 한다. 우리나라 삼림의 soil은 대개 pH5 정도로 acid soil(산성 토양)이다. 그렇기 때문에 낙엽이 잘 decompose(썩다)하지 않을 뿐만 아니라 soil에 서식하는 microorganism(미생물)의 활동이 slow down(늦춰지다)해져 식물이 nutrition(영양분)을 생성하기 어려운 환경이다. 그런데 yellow dust에는 alkalinity(알칼리성)인 lime(석회), oxide of magnesium(산화마그네슘) 같은 substance(물질)가 섞여 있어 acid soil을 neutralize해준다. 그런데 yellow sand phenomenon이 일어날 때는 acid rain(산성비)이 pH7 정도로

neutrality(중성)를 띠게 된다.

둘째, yellow dust는 red tide(적조)를 restrain(억제)해준다. Red tide phenomenon이 발생할 때, yellow dust의 particle이 red tide에 stick to(달라붙다)하여 red tide를 가라앉게 하기 때문이다.

셋째, yellow dust에 있는 미량의 potassium(칼륨), calcium(칼슘), magnesium(마그네슘) 등은 fish and shellfish(어패류) 같은 marine life(해양생물)에게 feed(영양분이 되다)가 된다. 이런 substance가 너무 많다면 문제가 되겠지만 yellow dust에 포함되어 있는 정도의 적은 양은 오히려 marine life에게 benefit(이롭다)하다.

넷째, global warming(지구온난화)을 reduce(줄이다)하는 데 좋은 영향을 미친다. Atmosphere 중의 pollute(오염)된 dust는 갈색 구름을 create(만든다)한다. 이 갈색 구름이 햇빛을 reflect(반사)하는 한편 earth surface의 infrared light(적외선)를 absorb함으로써 지구를 cool down(냉각)하는 역할을 한다.

이 밖에도 yellow dust는 real economy(실물 경제)에 여러 가지 영향을 끼친다. Yellow dust가 생기면 쇼핑이나 골프, 등산 등의 활동은 크게 줄어드는 반면에 마스크나 손 소독제 등 yellow dust 대비 용품과 각종 약품은 많이 팔린다.

2
Atmospheric Circulation
대기의 순환

A slight relax of air. All is not dead.
미약한 대기의 휴식 속에 모든 것이 살아 있다.

— Philip Larkin(필립 래킨)

basic concept

지구의 에너지를 운반하는
Atmospheric Circulation

Atmospheric circulation(대기순환)은 지구를 둘러싼 atmosphere(대기)의 운동을 말한다. Atmospheric circulation은 rotate(자전)하는 둥근 지구가 latitude(위도)에 따라 받는 solar energy(태양에너지)의 양이 다르기 때문에 일어난다.

Atmospheric circulation은 tropics(열대지방)의 더운 air(공기)가 polar regions(극지방)로 운반되어 지구의 heat energy(열에너지)가 균형을 잡으려는 energy의 transport(수송) 과정이라고 할 수 있다. Tropics의 더운 air는 polar regions로 이동해가면서 냉각되고 그에 따라 무거워져서 subside(가라앉다)하게 된다.

만일 지구가 rotate하지 않는다면, tropics에서 rise(상승)한 더운 air는 equator(적도)로부터 멀어져 차가워져 high latitudes(고위도 지역)에서 가라앉아 earth surface(지표면)에서 equator를 향해 또 한 번 circulate(순환)하게 된다. Low latitudes(저위도 지역)와 high latitudes 간에 이러한 atmosphere의 흐름은 longitude(경도)를 따라 이뤄진다.

그렇지만 실제로 지구는 rotation(자전)을 하고 이에 따라 atmospheric circulation도 달라진다. Earth surface의 한 점에서 한 바퀴를 돌 때 이동하는 거리는 tropics가 middle latitudes(중위도 지역)보다 긴 반면, polar regions에서는 이동은 하지 않고 오로지 rotation만 한다. 따라서 지구의 rotation에 따른 earth surface의 이동 속도는 polar regions에서 제일 빠

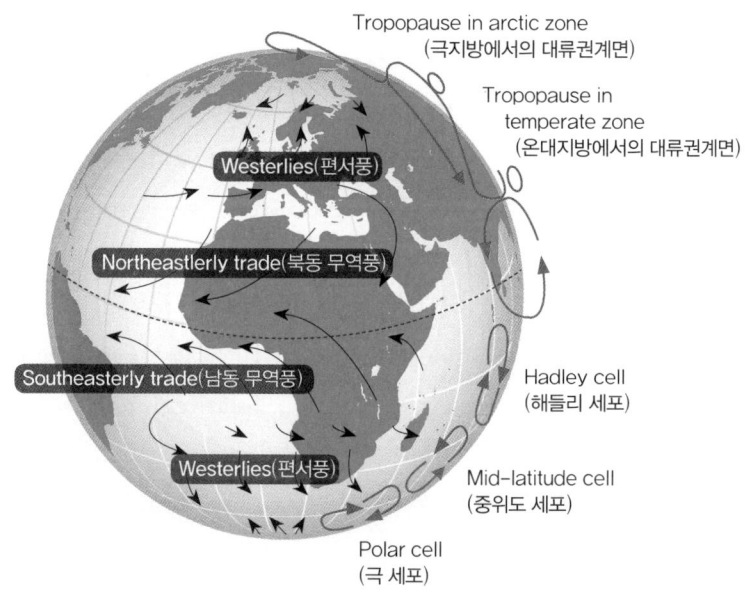

른 것이다.

  Equator에서 북쪽을 향해 포탄을 쏘았다고 한번 가정해보자. 포탄이 북쪽을 향해 날아갈수록 포탄 아래 earth surface는 equator에 있을 때보다 이동 속도가 느려진다. 따라서 포탄은 날아가면서 오른쪽으로 치우쳐 보이게 되는 것이다.

  이러한 현상은 프랑스의 Gustave Coriolis(귀스타브 코리올리, 1792~1843)가 발견했다고 해서 Coriolis effect(코리올리 효과) 혹은 Coriolis force(코리올리 힘)라고 한다. Coriolis effect로 인해 polar regions로 향하는 wind(바람)가 westerlies(편서풍, 중위도 지방에서 서쪽에서 동쪽으로 부는 바람)가 되며, equator로 향하는 wind가 easterlies(편동풍, 동쪽에서 서쪽으로 부는 바람)가 된다. Easterlies는 equator와

Atmospheric Circulation 31

polar regions에서 부는데 equator에서 부는 easterlies를 trade wind(무역풍)라고 한다.

Atmospheric circulation를 주도하는 것은 Hadley cell(해들리 순환)과 Polar cell(극 순환) 그리고 그 중간에 위치해 있는 Ferrel cell(페렐 순환)이다.

Hadley cell은 atmospheric circulation 중에서 earth's equatorial plane(지구 적도면)과 latitude 30 degrees North(30°N) 사이에서 circulate하는 atmosphere이다. Solar radiation(태양복사)으로 인해 equator에서 rise한 air current(기류)는 상공에서 high latitudes로 이동하다가 latitude 30 degrees North(30°N) 근방에서 sink(하강)한 뒤에 equator로 간다. Hadley cell은 지구에서 가장 많은 energy를 circulate시키고 있다.

Polar cell은 latitude 60 degrees North(60°N)에서 polar region 사이를 오가는 atmospheric circulation이다. Polar regions에서 차가워진 air가 sink한 뒤에 남쪽으로 내려가다가 지구의 rotation으로 인한 Coriolis effect로 남쪽으로 내려오는 것이 막힌 뒤 polar regions로 다시 이동한다. Hadley cell보다 transport하는 energy의 양이 작다.

Ferrell cell은 latitude 30 degrees North(30°N)에서 60 degrees North(60°N) 사이에서 이루어지는 atmospheric circulation이다. Ferrell cell은 Hadley cell과 Polar cell 사이에서 passively(수동적)하게 circulate한다. Ferrell cell은 약하고 분명하지 않아서 influence(영향력)가 미미하다.

한편 subtropics(아열대지방)의 jet stream(제트기류)은 Ferrell cell과 Polar cell이 intersect(교차)하는 곳에서 발생한다.

Ferrell cell이 유명무실하여 middle latitudes의 circulation of energy에는 영향을 미치지 못하면 low latitudes와 high latitudes 사이에서 energy의 circulation이 잘 이루어지지 않고 남북 간 temperature gradient(기온 경도, 두 공기층 사이의 기온 차이)는 굉장히 커진다.

이 때문에 middle latitudes에서는 남북으로 굽이치는 easterly wave(편동 풍파)가 증가해 남북 간 temperature gradient가 offset(해소)된다. 즉

middle latitudes의 남북 간 energy의 circulation은 Ferrell cell이 아니라 easterlies에 의해 이루어지는 것이다.

지구에서 energy의 circulation은 low latitudes에서는 Hadley cell에 의해 이루어지고 middle latitudes에서는 easterlies에 의해 이루어지며 polar regions에서는 Polar cell에 의해 이루어진다.

reading earth science

　　　공기는 한곳에 오랫동안(for a long period of time) 머무르지 않는다. 공기는 끊임없이 한 곳에서 또 다른 곳으로 이동한다. 공기가 움직일 때, 공기는 다른 곳들의 기온도 가져온다. 대기순환은 열이 지표면 주변에 분산되는 것에 기인하는 대규모 공기 이동을 말한다.

　대기순환에 영향을 미치는 많은 요인들이 있다. 지구의 대기순환의 결과는 우리가 특정 시간과 특정 장소에서 볼 수 있는 날씨이다. 일반적으로 열은 뜨거운 지역에서 더 차가운 지역으로 운반된다. 따뜻한 공기는 차가운 공기보다 밀도가 더 낮다.

　지구는 고르지 않게 뜨거워지지만, 이 공기의 이동이 지구상의 열의 균형을 회복시킨다. 이것을 대순환(일반순환)이라고 부른다. 대순환에 영향을 미치는 두 개의 주요 요인이 있다. 바로 지구의 자전과 지표면이다.

　지구는 끊임없이 운동한다(be in constant movement). 이 운동은 코리올리 힘으로 알려진 명백한 힘을 일으킨다(전향력). 지구의 자전으로 인해 뜨거워지고 있는 지역이 끊임없이 변화하게 된다. 공기가 적도에서 따뜻해지고,

팽창되고, 상승하면서 공기는 극지방으로 향하게 된다. 공기는 일직선으로 가지 않고 지구의 위치와 움직임 때문에 동쪽으로 편향되어(be deflected eastward) 움직인다. 공기는 북반구에서 우측 방향으로 돌지만 남반구에서는 좌측 방향으로 돈다. 따라서 코리올리 힘은 바람을 오른쪽이나 왼쪽으로 이동하게 하려고 한다.

　두 번째, 지구는 서로 다른 속도

Air does not stay in one place for a long period of time. It constantly moves from one area to another. As the air moves, it also brings with it the temperature from different places. Atmospheric Circulation refers to the large-scale movement of air whereby heat is distributed around the surface of the Earth.

There are many factors affecting the atmospheric circulation. The result of atmospheric circulation is the weather that we observe at a particular time and place. As a general rule, heat is carried away from a hot area to a cooler area. Warm air is less dense than cold air.

Even though the Earth heats unequally, this movement of air restores the balance of heat on Earth. This is called General Circulation. There are two major factors that affect the general circulation—the earth's rotation and the earth's surface.

The Earth is in constant movement. This movement results in an apparent force known as the Coriolis force(a deflecting force). The rotation of the Earth results in a constant change to the area being heated. As air warms, expands, and rises at the equator, it moves toward the poles. Instead of traveling in a straight path, the air is deflected eastward because of the earth's position and movement. In the Northern Hemisphere, air turns to the right while in the Southern Hemisphere air turns to the left. The Coriolis Effect, thus, tries to force winds to shift towards the right or left.

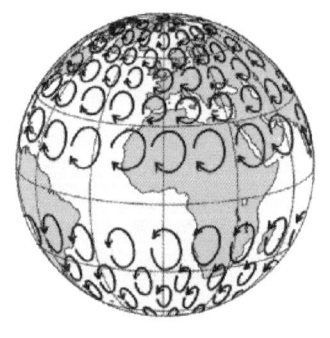

지구의 운동에 의한 대기의 순환 세포

로 뜨거워지는 불규칙한 지표면과 수면으로 덮여 있다. 적도 부근의 지역들은 남극과 북극 부근의 지역들에 비해 태양 광선으로부터 더 많은 열을 받는다. 고르지 않게 따뜻해지는 것은 지구의 대기순환을 책임지고 있는 주요 추진 장치가 된다.

커다란 대기 궤도는 대기 대순환류라고 불린다.

세 개의 순환류들이 각 반구에 존재하는데 이들은 해들리 순환, 페렐 순환, 극 순환이다.

해들리 순환은 적도의 양쪽에서 발견되는 열대성 순환이며 적도에서 위도 약 30도에 걸쳐 있다. 저위도에서의 대기의 이동은 대기가 뜨거워지고 수직으로 상승하는 적도를 향해 있다. 일단 공기가 상승하면 공기는 대기권 상층부에서 극지 방향으로 이동하기 시작한다. 이것이 열대와 아열대 기후를 지배하는 순환기류를 형성한다.

페렐 순환은 중위도에서 발견되며 위도 30도에서 약 60도에 걸쳐 있다 (extend from 30 degrees to about 60 degrees in latitude). 이 순환에서 공기는 지표면 부근에서 극지와 동쪽으로 이동하고 높은 위치에서는 적도 방향으로 그리고 서쪽으로 이동한다.

위도 90도에서 약 60도에 걸쳐 있는 극 순환은 극지 부근에서 발견된다. 공기는 상승하고 분기하며 극지로 이동한다. 일단 극지 상공에 이르면 공기는 하강하며 극 고압부를 형성한다.

지표면의 공기는 극고압부에서 바깥쪽으로 분기한다. 극 순환에서 지상풍은 동쪽으로 움직인다(한대 극동풍).

각각의 이 순환들은 — 열대지방의 해들리 순환, 온대지방의 페렐 순환과 북극과 남극 지방의 극 순환 — 그것이 닿는 위도의 기후와 날씨에 중대한 영향을 끼친다(have a major influence on).

Second, the Earth is covered by irregular land and water surfaces that heat at different rates. The regions near the equator receive more heat from the sun's rays compared to the areas near the South Pole and the North Pole. Unequal heating is the main driving mechanism responsible for the Earth's atmospheric circulations.

A large track of air is called an atmospheric circulation cell.

Three cells exist in each hemisphere: Hadley cells, Ferrel cells and Polar cells.

Hadley cells are tropical cells found on each side of the equator and extend from the Equator to about 30 degrees in latitude. Low latitude air movement is toward the equator with the air heating and rising vertically. Once the air rises, it begins moving pole-ward in the upper atmosphere. This forms a convection cell that dominates tropical and subtropical climates.

Ferrel cells are found at the mid-latitudes and extend from 30 degrees to about 60 degrees in latitude. In this cell, the air moves pole-ward and eastward near the surface and equator-ward and westward at higher levels.

Extending from 90 degrees to about 60 degrees latitude are Polar cells, which are found near the poles. Air rises, diverges, and travels toward the poles. Once over the poles, the air sinks, forming the polar highs.

At the surface air diverges outward from the polar highs. Surface winds in the polar cell are easterly(polar easterlies).

Each of these cells—the Hadley Cell in the Tropics, Ferrel Cell in the temperate zone and Polar Cell in the Arctic and Antarctic regions—has a major influence on climate and weather at the latitudes it touches.

problem solving

문제1 그림은 대기 대순환의 모습이다. 그림에 대한 설명으로 옳은 것을 모두 고르세요.

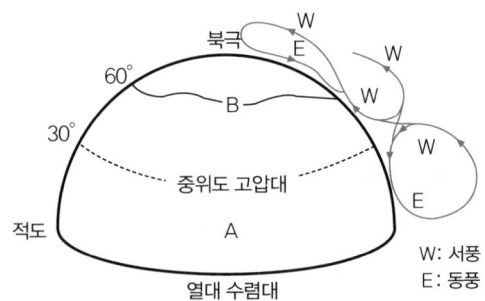

a. A 지역에는 열대 수렴대에서 중위도 고압대 쪽으로 바람이 분다.
b. B 지역에서는 전선이 잘 형성된다.
c. 대류권 상층에서는 서풍이 우세하게 분다.

① a　　② b　　③ c　　④ b, c　　⑤ a, b, c

Example 1 The picture below shows atmospheric general circulation in simple form. Choose a number that has all correct explanations about the picture.

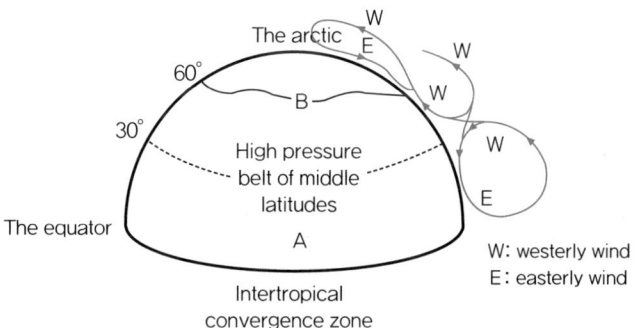

a. In area A, wind blows from intertropical convergence zone to the high pressure belt of middle latitudes
b. In area B, front forms easily.
c. Westerly wind is dominant in upper troposphere.

① a   ② b   ③ c   ④ b, c   ⑤ a, b, c

문제2 그림은 북반구의 대기 대순환의 모습이다. 이에 대한 설명으로 옳은 것만을 보기에서 있는 대로 고르세요.

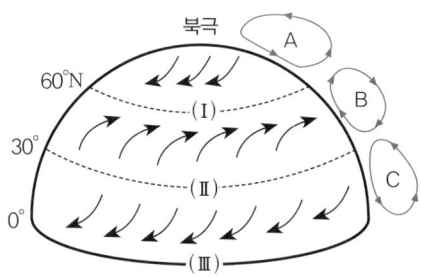

a. A와 C는 간접 순환이고, B는 직접 순환이다.
b. (I)의 지상에는 수렴대가 발달한다.
c. (II)는 (III)보다 연평균 강수량이 적다.

① a   ② b   ③ a, c   ④ b, c   ⑤ a, b, c

➡ 해답 1. ④   2. ④

Example 2 The picture shows the atmospheric general circulation in the Northern Hemisphere. Choose a number that has all correct explanations.

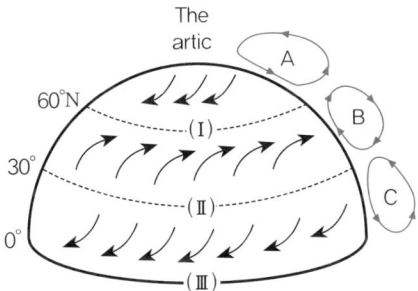

a. A and C are indirect circulations and B is a direct circulation.
b. On the land of (I), convergence zone develops.
c. Mean annual precipitation is lower in (II) than (III).

① a ② b ③ a, c ④ b, c ⑤ a, b, c

rest in earth science

지구의 rotation이 부리는 마술, Coriolis force

Southern hemisphere(남반구)에서는 욕조 물이 배수구로 빠져나갈 때 clockwise direction(시계 방향)으로 내려가고, northern hemisphere(북반구)에서는 counterclockwise direction(시계 반대 방향)으로 내려간다는 말이 있다. Coriolis force 때문에 이런 phenomenon(현상)이 일어난다는데 과연 사실일까?

USA(미국)의 한 과학자가 이에 관한 재미있는 experiment(실험)를 했다. 그는 먼저 수도꼭지에 호스를 연결했다. 그런 다음 수도꼭지를 틀고 호스를 clockwise direction으로 돌리면서 욕조에 물을 fill up(채우다)했다. 그러고는 배수구의 마개를 빼고 물이 어떤 방향으로 빠져나가는지 살펴보았다. 그 결과, 물은 clockwise direction으로 빠져나갔다.

그러나 물을 채운 지 24시간이 지난 후에 배수구의 마개를 뺐더니 counter-clockwise direction으로 빠져나갔다. 그 이유는 호스로 물을 채울 때 발생한 clockwise direction으로 움직이던 물살이 잠잠해지면서 Coriolis force가 다시 influence를 발휘했기 때문이었다. 따라서 욕조 물이 배수구로 빠져나갈 때 물의 방향은 물이 언제, 어떻게 채워졌는지에 따라 달라진다고 볼 수 있다.

우리를 둘러싼 Coriolis effect

Coriolis effect는 deflecting force(전향력)라고도 한다. Coriolis effect에 의해 지구에서는 다음과 같은 phenomenon이 벌어진다.

• Northern hemisphere에서 wind의 우측 편향

Equator에서 북풍이 불 때 Coriolis effect의 영향을 받는다. 지구 밖에서 지구를 보았을 때, 지구가 counterclockwise direction으로 rotate한다는 사실은 상식이다. Equator에서 high latitudes, 즉 northern hemisphere로 갈수록 지구 단면의 circumference(둘레의 길이)는 줄어든다. 그런데 wind가 일정한 값만큼 이동하면, equator 부근에서 부는 wind의 distance(이동 거리)와 northern hemisphere에서 부는 wind의 distance가 다르다. 이때 운동량은 preserve(보전)되므로 equator에서의 풍향은 northern hemisphere에서보다 빠르다. 이러한 원리에 의해 wind는 우측 편향을 일으킨다.

• Foucault pendulum(푸코의 진자)

Leon Foucault(레옹 푸코, 1819~1868)는 Coriolis effect를 처음으로 experiment를 통해 prove(증명)한 과학자이다. Foucault는 30미터가 넘는 높다란 교회 종탑에 밧줄을 걸고 그 밧줄에 pendulum(추)을 매달았다. 그러고 나서 pendulum을 조심스럽게 흔들었다.

Foucault pendulum(푸코의 추)은 30시간도 넘게 external force(외부 영향) 없이 혼자서 흔들렸다. Foucault pendulum은 처음에 흔들리던 면에서 약간씩 멀어지며 돌다가 나중에는 make one revolution(한 바퀴를 돌다)하여 다시 제자리로 돌아왔다. Foucault pendulum의 면이 make one revolution해서 다시 돌아오기까지의 cycle(주기)은 $24/\sin\varphi$(φ는 지구의 위도)와 일치한다.

• Long-range missile(장거리 미사일)의 deflection(굴절)

Long-range missile을 발사하면 wind의 우측 편향과 유사한 phenomenon이 나타난다. Long-range missile도 wind처럼 먼 거리를 이동하므

로 그만큼 Coriolis effect를 받는다. 이 때문에 northern hemisphere에서 Long-range missile을 겨냥할 때는 조준 지점보다 남쪽에 겨냥해야 한다. 실제로 군대에서 포병은 Coriolis effect를 고려해서 포탄을 쏜다고 한다. Middle latitudes에서 남쪽으로 포탄을 3,000km/h의 속도로 발사하면 60킬로미터마다 1킬로미터씩 서쪽으로 휘어진다고 한다.

Hadley cell model(해들리 세포 모델)

    Meteorology(기상학)에 대한 지식 없이도 sailor(선원)들은 일찍부터 wind를 항해에 utilize(활용)했다. Sailor들은 wind의 구조와 종류 등을 잘 알았다. 그리고 그들이 흔히 말하는 easterlies(동풍)와 westerlies(서풍)를 설명한 사람이 바로 George Hadley(조지 해들리, 1685~1768)이다.

    Hadley는 polar regions보다 equator 부근이 더 많은 solar heat(태양열)를 받기 때문에 이러한 wind가 분다고 지적했다. Earth's surface(지표면)가 받는 solar heat가 지역에 따라 달라지는 까닭은 지구가 sphere(구)이기 때문이다.

    이런 solar heat의 imbalance(불균형)로 인해 equator의 따듯한 air는 polar regions로, polar regions의 찬 air는 equator로 흐르게 되고 결과적으로 전 지구적 규모의 convective cell(대류 순환)을 만들었다.

    지구가 rotate하지 않는다면 equator의 solar heat는 equator에서부터, polar regions까지 이동할 것이다. 그에 따라 equator에 convergence zone(수렴 구역)과 low pressure area(저기압 지역)가 생기고, polar regions에는 divergence zone(발산 구역)과 high pressure area(고기압 지역)가 생길 것이다.

    하지만 지구는 rotation을 하기 때문에 polar regions로 이동하는 air와 equator로 되돌아오는 air는 Coriolis force에 의해 deflect(편향)된다. Rotate하지 않는 지구와 마찬가지로 rotate하는 지구에서도 equator의 더운 air는 rise하고 intertropical convergence zone(적도 수렴대)이라는 low pressure area를 형성한다.

    Troposphere(대류권) 상부에서 polar regions로 흐르는 air가 30°N 또는

30°S에 이르면 Coriolis effect에 의해 deflect되어 서풍의 geostrophic wind(지균풍)가 된다. 동쪽으로 부는 wind는 polar regions로 가지 못해 30° N 또는 30°S에 air가 pile up(쌓이다)하는데, 이 latitude에 subtropical highpressure belt(아열대 고기압대)가 형성된다. Anticyclonic belt(고기압대)의 air는 earth's surface로 descent(하강)하여 divergence zone을 만든다. 대부분의 air는 다시 equator로 이동해서 equator와 tropics의 wind를 지배한다.

 이러한 circulation은 Hadley의 이름을 따서 Hadley cell이라 부른다.

3

Climate Change
기후 변화

만약 숲이 axe(도끼)로 인해 crash(박살 나다)된다면 civilization(문명)은 물론이고 happiness(행복)도 있을 수 없다. Climate(기후)가 harsh (거칠다)하고 severe(맹렬)할수록 사람도 harsh하고 severe할 것이다. 이 얼마나 terrible(참혹)한 future(미래)인가!
— Anton Pavlovich Chekhov(안톤 파블로비치 체호프)

basic concept

인류에게 큰 영향을 끼치는
Climate Change

Weather(날씨)와 climate(기후)의 차이는 무엇일까? Weather는 매일 나타나는 temperature(기온), wind(바람), rain(비) 같은 atmosphere(대기)의 상태를 가리키고, climate는 수십 년간 일정한 지역에서 나타나는 weather를 standardize(평균화)한 것을 말한다. Weather는 latitude(위도)나 바다로부터의 거리, 산 등 geographic(지리적)한 요소에 좌우되므로 장소나 시간에 따라 각기 다를 수밖에 없다. 한편 수십 년 이상 진행된 climate의 변화가 통계적으로 중요한 것일 때 우리는 climate change(기후 변화)라고 말한다.

Climate change는 external force(외적인 힘)에 의한 것과 human-induced alteration(인간에 의한 것)으로 구분할 수 있다. External force 때문에 발생하는 climate change는 volcanic eruption(화산 분출)으로 인한 stratosphere(성층권)의 aerosol(에어로졸) 증가, 태양 활동의 변화, 태양과 지구의 천문학적인 위치 변화, ocenic circulation(해양 순환) 등을 꼽을 수 있다. 그러나 이러한 external force 없이도 climate는 자연적으로 change하기도 하는데, climate system(기후 시스템)의 5가지 주요 component(구성요소)인 atmosphere(대기권), hydrosphere(수권), cryosphere(빙권), geosphere(지권), biosphere(생물권)가 서로 영향을 주고받으며 keep changing(계속해서 변화)하기 때문이다.

인류가 climate에 영향을 미치기 시작한 때는 industrial revolution(산업혁명) 초기인 mid-18th century(18세기 중엽)이다. Intergovernmental Panel on Climate Change(IPCC, 기후 변화에 관한 정부 간 패널)는 1970년부터 2004년까지 greenhouse gas(온실가스)의 emission (배출)이 무려 70퍼센트나 increase(증가)했다고 밝혔다. 특히 인류는 industrial revolution 이후부터 공장과 가정에서 fossil fuel(화석연료)을 사용하는 한편, atmosphere에 악영향을 미치는 aerosol을 생산하여 greenhouse gas(온실가스)를 increase시키고 있다. 그 뿐만이 아니다. Freon(프레온), fluoride (불소화합물), bromine compounds(브롬화합물) 등의 emission이 increase하면서

stratosphere의 ozone layer(오존층)가 decrease(감소)하고 있다. Urbanization (도시화), land development(토지 개발), logging(산림 벌목) 같은 인류의 무분별한 개발도 지구의 ecosystem(생태계)을 파괴하고 있다.

　Greenhouse gas로는 carbon dioxide(CO_2, 이산화탄소), methane(CH_4, 메탄), nitrous oxide(N_2O, 아산화질소), freon, Hydrofluorocarbons(HFCs, 수소불화탄소), perfluorocarbons(PFCs, 과불화탄소) 등이 있다. Greenhouse gas는 climate와 ecosystem에 긍정적인 환경을 만들어주는 greenhouse effet(온실효과)에 contribute(기여)하는 부분도 있지만 너무 많으면 global warming(지구온난화)을 일으킨다. Water vapor(수증기)와 ozone(오존)도 global warming에 influence(영향)를 주지만, water vapor의 양은 climate system에서 결정되며 인간이 control(통제)할 수 있는 부분은 아니다. 또 ozone은 태양의 ultra-violet rays(자외선)를 block(차단)하는 중요한 역할을 하지만 greenhouse

effect에 대한 influence는 다른 기체에 비하여 미미하다.

1980년부터 10년간 greenhouse effect에 가장 악영향을 미친 주범으로는 carbon dioxide를 꼽을 수 있다. 그다음으로 freon, methane, nitrous oxide를 꼽을 수 있다. Carbon dioxide는 fossil fuel을 많이 사용하면서 문제가 되었으며 carbon dioxide가 atmosphere 중에 머무는 기간은 50~200년이나 된다. Methane, nitrous oxide, freon은 carbon dioxide보다 양은 적지만 infrared rays(적외선) 흡수력이 carbon dioxide보다 커서 global warming에 미치는 악영향은 더 크다.

우리나라의 경우, greenhouse gas의 total emissions(총 배출량)는 1990년 8,300만 탄소톤(TC)에서 2000년에는 1억 3,490만 탄소톤으로 increase했다. 철강, 자동차, 석유화학처럼 energy를 많이 소모해야만 생산이 가능한 산업 구조가 environmentally-friendly(친환경적)하게 탈바꿈하지 않는 이상, 그리고 greenhouse gas가 획기적으로 reduce(감축)되지 않는 이상 greenhouse gas의 total emission은 저절로 decrease하지는 않을 것이다.

Greenhouse gas의 emission을 restrict(억제)하여 지구 환경을 지키려는 international effort(국제적 노력)의 일환으로 1987년에 IPCC가 설립되었다. 또 1992년에는 Climatic Change Convention(기후 변화 협약)을 체결했고, 1997년에는 global warming을 막기 위해 greenhouse gas의 reduction(감축)을 골자로 38개 선진국이 참여한 Kyoto protocol(교토의정서)이 공식 발효되었다.

reading earth science

　　세계는 끊임없이 변화하고 있다. 계절과 날씨가 변화하고, 우리가 알아채지 못할 수는 있지만 우리의 기후 또한 변화하고 있다. 기후 변화의 영향은 오늘날 세계의 주요 관심사 중 하나(one of the major concerns)이다. 찌는 듯한 여름, 녹아내리는 빙하, 더 강력한 폭풍우와 상승하는 온도 같은 것의 효과는 인간과 동물 및 생태계에 커다란 영향을 미칠 수 있다. 따라서 과학자들 또한 기후 변화의 원인을 연구하고 있다. 기후 변화의 원인은 두 그룹으로 나뉠 수 있다—자연적인 원인과 인간이 만든 원인이 그것이다.

자연적인 원인

　대륙 이동설, 화산 활동, 지구의 위치와 해류 같은 자연적인 영향에 따른 기후 변화이다. 대륙 이동설은 지각을 구성하는 여러 개의 판이 서로 다른 방향으로 이동하는 것을 말한다.
　약 3억 년 전 모든 대륙은 하나의 큰 땅 덩어리로 합쳐져 있었다. 땅이 서서히 갈라져 표류하면서 그것은 해류와 바람의 흐름에 변화를 가져왔고 남극 대륙을 고립시켰다. 화산 분출은 기후 변화의 원인이 된다(contribute to). 이들은 유해한 가스와 이산화탄소를 방출한다. 화산은 또한 헤어스프레이 병에서 방출되는 것 같은 에어로졸을 방출하는데 이것도 대기를 손상시킬 수 있다.
　지구는 기울어진 축을 따라 자전하면서 태양 주위를 공전한다(revolve around the sun). 이 경사가 계절의 원인이다. 연구에 따르면 이 경사는 불변은 아니다—그것은 바뀐다. 더 큰 경사는 더 따뜻한 여름과 더 추운 겨울을 의미하고 더 적은 경사는 더 선선한 여름과 더 온화한 겨울을 의미한다.
　바다는 지구 표면의 71퍼센트를 덮고 있고 지표면의 대기와 비교해 태양

Our world is constantly changing. The seasons and weather change and, though we may not notice it, our climate is also changing. The effect of climate change is one of the major concerns of the world today. Effects such as scorching summers, melting glaciers, stronger storms and rising temperatures can greatly affect people, animals and the ecosystems. Thus, scientists are also studying the causes of climate change. The causes of climate change can be divided into two groups — natural causes and man — made causes.

Natural causes

Natural causes are natural influences such as continental drift, volcanic activity, the position of the Earth and ocean currents. Continental drift is the movement of the plates consist of crust to different direction.

300 million of years ago, all continents were merged into one big mass of land. As the land gradually drifted apart, it caused changes in the flow of ocean currents and winds, and isolated the continent Antarctica. Volcanoes contribute to climate change when they erupt. They release harmful gases and carbon dioxide. Volcanoes also release aerosols like those released from hairspray bottles, which can also damage the atmosphere.

The Earth revolves the sun as it rotates on an axis that is tilted. This tilt causes seasons. Studies have shown that this tilt is not

복사열을 두 배나 더 많이 흡수한다. 이들의 열 용량 때문에 주변의 땅은 바다로부터 태양열의 일부를 획득한다.

해류는 표면 근처와 심해에서 흘러 지구 전체에 열을 전도한다.

인간이 만든 원인

인간이 만든 원인은 기후 변화의 커다란 원인이 되는 사람들의 행동을 가리킨다. 이것은 온실가스를 배출하는 인간의 활동을 포함한다. 온실가스는 지구 표면으로부터 태양의 반사열을 흡수해서 대기 내에 열을 가두어 지구의 온도 변화를 일으키는 유해한 가스이다. 가장 위험한 가스들은 이산화탄소(CO_2), 메탄(CH_4)과 이산화질소(N_2O)이다. 온실가스는 여러 가지 경로로 생성된다.

에너지 산업은 사람들이 필요로 하는 에너지를 생성하기 위해 화석연료를 태우는 것에 의존한다(rely on). 예를 들어 화력 발전소는 화석연료를 이용하여 사람들이 사용하는 전기를 생성한다. 사람들이 더 많은 에너지를 사용하면 사용할수록 더 많은 화석연료를 태울 필요가 있다. 그 결과 더 많은 이산화탄소가 대기 중에 배출된다.

주택, 도로 및 기간 시설처럼 우리가 살기 위해 필요로 하는 것들을 생산하는 산업 부문과 주력 제품(예를 들어 시멘트)을 만드는 산업들 또한 온실가스를 배출한다. 우리의 일상 활동도 온실가스를 생산한다. 왜냐하면 우리는 우리의 집을 따뜻하게 하고, 자동차를 운전하고, 샤워를 하고, 요리하고, 심지어 휴식을 취하는 것 같은 일상적인 활동들을 하기 위해 에너지를 필요로 하기 때문이다.

우리의 쓰레기는, 특히 플라스틱과 스티로폼 형태의 것들은 오랫동안 환경 속에 머문다. 이런 물품들이 쓰레기 매립지에 쌓이게 된다. 매립지 쓰레기와

constant—it varies. A greater tilt means warmer summers and colder winters; while a lesser tilt means cooler summers and milder winters.

Oceans cover 71% of the Earth's surface and they absorb twice as much of the sun's radiation compared to the atmosphere or the Earth's surface. Because of their huge heat capacity, the surrounding land gets some of the sun's heat from the ocean.

Ocean currents flow near the surface and also deep below, thus transferring heat all over the earth.

Man-made causes

Man-made causes refer to the actions of people that contribute greatly to climate change. These include human activities that release greenhouse gases. Greenhouse gases are harmful gases that absorb the reflection of the sun from the Earth's surface, trapping heat within the atmosphere, and therefore causing a change in the temperature on Earth. The gases considered to be most dangerous are: Carbon Dioxide(CO_2), Methane(CH_4) and Nitrous Oxide (N_2O). Greenhouse gases are generated in many ways.

The energy industry relies on burning fossil fuels to form energy that people need. For example, thermal plants use fossil fuels to generate electricity for people to use. The more energy people use, the more fossil fuels are needed to burn. As a result, more carbon dioxide is emitted into the atmosphere.

The industrial sector that produce things we need to live, such as housing, roads and infrastructure and the industries that make core products (for example cement) also release greenhouse

플라스틱의 소각으로부터 많은 메탄이 배출된다. 심지어 농업 부문도 온실가스 배출의 원인이 될 수 있다. 질소를 바탕으로 한 화학 비료의 사용 때문에 지구의 대기에 아산화질소가 쌓이게 되었다. 자동차, 버스 및 트럭같이 사람들이 이용하는 주요 수송 수단은 가솔린이나 디젤로 운전하는데 이것들은 둘 다 화석 연료들이다.

무차별적인 벌목 같은 인간의 활동이 기후 변화의 영향을 촉진시킨다. 이산화탄소를 흡수하는 것으로 알려진 나무들이 도시 개발, 주민 거주지 및 농업의 공간 마련을 위해 점점 더 빠른 속도로 벌목되고 있다.

산업혁명은 약 1750년에 시작되고 1800년대와 1900년대에 가속되었다. 이 기간 동안 사람들은 기계를 사용하여 큰 공장에서 엄청난 양의 상품을 생산하기 시작했다. 기계는 석탄 에너지에 의해 가동되었다. 석유, 천연가스와 전기 또한 사용되었다. 이 기계를 만든 현대 기술의 개발로, 사람들을 위해 훨씬 더 쉽게 물건을 만들게 되었다. 생산하고 상품을 소비하는 더 많은 사람들이 환경에 큰 영향을 끼쳤다. 이러한 인간의 활동은 온실가스를 배출하였다.

gases. Our daily activities produce greenhouse gases because we need power to do our usual activities like heating our homes, driving our cars, taking showers, cooking, and even relaxing.

Our wastes, especially in the forms of plastics and Styrofoam, stay in the environment for a long time. These items produce wastes which accumulate in landfills. Wastes in landfills and burning plastics release a large amount of methane. Even the agriculture sector can contribute to the emission of greenhouse gases. The use of chemical nitrogen-based fertilizers has led to the accumulation of nitrous oxide in the earth's atmosphere. The main transportation people use like cars, buses and trucks are run by petrol or diesel which are both fossil fuels.

Human activities such as indiscriminate logging hasten the effect of climate change. Trees, which are known to take in carbon dioxide, are being cut at increasing rates to make room for urban development, human settlement and agriculture.

The Industrial Revolution started around 1750 and accelerated in the 1800s and 1900s. During this period people began to produce huge amount goods in large factories using machines. The machines were run by energy from coal. Oil, natural gas and electricity were also used. These machines made it much easier for people to produce goods which in turn, helped the development of modern technology. More people producing and consuming goods leads to a greater effect on the environment. These manmade activities release greenhouse gases.

problem solving

문제1 다음 그림은 산성비가 형성되어 내리는 과정을 나타낸 것이다. 주어진 자료를 참고할 때 산성비에 대한 설명으로 옳은 것만을 보기에서 있는 대로 고르시오.

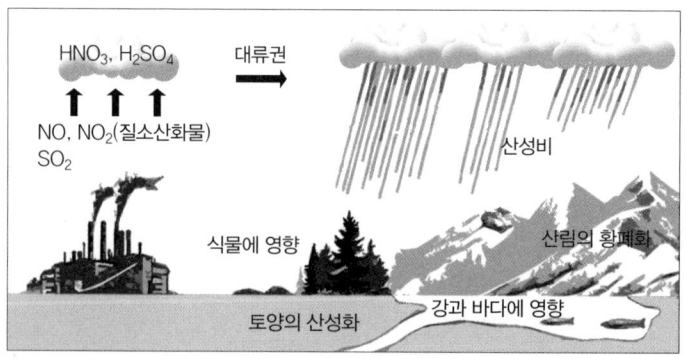

a. 산성비의 주된 오염 배출원은 공장이나 자동차의 배기가스이다.
b. 산성비는 도심이나 공장이 밀집한 지역에서만 나타나는 기상 현상이다.
c. 산성비의 구름이 햇빛을 차단하여 광합성을 저해하기 때문에 식물에 영향을 미친다.
d. 토양의 산성화는 식물의 생장을 방해하고 수질에도 영향을 주기 때문에 생태계를 황폐화시킨다.

① b   ② a, c   ③ a, d   ④ b, c   ⑤ a, c, d

Example 1 The following picture shows a process of forming and falling of acid rain. Choose a number that has all correct explanations about acid rain based on the information given above.

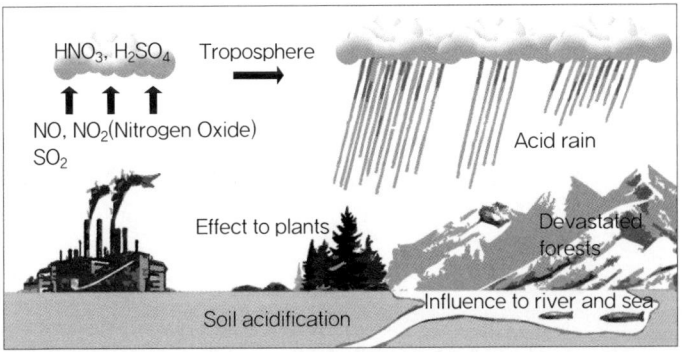

a. The main pollution source of the acid rain is factories or car exhaust fumes.
b. Acid rain is an atmospheric phenomenon occurring only in inner city or dense industrial area.
c. It influences to plants because the cloud of acid rain blocks the sun and hinders photosynthesis.
d. Soil acidification destroys the ecosystem because it hampers the growth of plants and has a bad effect on the water.

① b　　② a, c　　③ a, d　　④ b, c　　⑤ a, c, d

문제2 지구를 둘러싸고 있는 대기의 역할로 옳은 것만을 보기에서 있는 대로 고른 것은?

> a. 태양의 자외선을 흡수하여 지상의 생명체를 보호한다.
> b. 온실 효과를 일으켜 지구 평균 온도를 일정하게 유지한다.
> c. 여러 가지 기상 현상을 일으켜 물질과 에너지의 순환에 기여한다.

① a   ② b   ③ a, b   ④ b, c   ⑤ a, b, c

➡ 해답 1. ③   2. ⑤

Example 2 Which number has all the correct role of the atmosphere covering the earth?

> a. It protects organisms by absolving the ultraviolet rays of the sun.
> b. It maintains the earth's annual average temperature with the greenhouse effect.
> c. It contributes to the substantial and energy circulation by causing various atmospheric phenomena.

① a   ② b   ③ a, b   ④ b, c   ⑤ a, b, c

rest in earth science

El Niño(엘니뇨)와 La Niña(라니냐)

　El Niño는 스페인어로 '사내아이(또는 아기 예수)'를, La Niña는 '여자아이'를 뜻한다. Pacific(태평양)의 equator 부근에서 south America(남미) 해안까지 sea surface(해수면)의 temperature가 평균보다 0.5°C 이상, 많게는 10°C까지 constantly(끊임없이)하게 rise(상승)하는 phenomenon(현상)을 El Niño라고 한다. 이와 반대되는 phenomenon은 La Niña라고 부른다.

　Peru(페루)의 북부 연안은 평상시에는 Antarctic Ocean(남극해)에서 올라오는 cold current(차가운 해류)인 Humboldt current(훔볼트 해류)로 인해 water vapor의 양이 적고 건조한 weather를 보인다. 그러나 몇 년에 한 번씩 크리스마스 무렵에 북쪽에서 내려오는 warm current(따뜻한 해류)가 차가운 Humboldt current를 밀어낼 때가 있다. 그러면 메마른 desert(사막)에 rain이 내리고 목축이 불가능했던 땅이 싱그러운 pasture(목초지)로 탈바꿈한다.

　Peru와 Ecuador(에콰도르) 연안에 따뜻한 ocean current(해류)가 흐르면 난류성 어종이 많이 잡혀서 어부들은 신에게 감사 기도를 드리곤 했다. 이런 까닭으로 water temperature(수온)가 높아지는 phenomenon을 가리켜 사람들은 '크리스마스에 오는 아기 예수'란 뜻으로 El Niño라고 부르게 되었다.

　그런데 El Niño는 전 지구적으로 climate change를 유발한다. 평소에 cyclone(열대성 폭풍)이 없던 곳에 storm(폭풍)이 오는가 하면 drought(가뭄)가 들어 rainforest(열대우림)가 wither(시들다)한다. Desert에 갑자기 rain이 pour(퍼붓다)하고 breadbasket(곡창지대)에 몇 년씩 drought가 들기도 한다.

　El Niño는 1949년 이후 12번 정도 일어났다. 그리고 그 frequency(빈도)는 irregular(불규칙)하지만 평균 3~5년 period(주기)로 나타났다. El Niño가 발생할 때는 전 세계적으로 unusual weather phenomenon(기상 이변)이 따라왔다.

El Niño가 일어나는 원인은 아직 unclear(불확실)하다. 어떤 과학자들은 accidental(우연)한 phenomenon이라고 보고 있다. 현재로선 Pacific에 부는 wind 중에서 equator 근방에서 부는 trade wind(무역풍)가 보통 때보다 약해지기 때문으로 보고 있다.

평소 Pacific에서는 wind가 서쪽으로 불어 warm current가 Western Pacific(서태평양)에 accumulate(모이다)하게 되고, Eastern Pacific(동태평양)에서는 서쪽으로 쓸려간 바닷물을 보충하기 위해 바다 밑의 찬물이 soar up(솟아오르다)한다. 그런데 trade wind가 약해지면 equator 근처의 warm current가 정체되어 Eastern Pacific의 ocean current의 temperature가 rise하게 된다.

예전에는 El Niño가 South America 연안의 local(지역적)한 phenomenon이라고 여겼다. 그러나 지금은 현대적인 관측망이 갖춰지면서 equator 지역의 Pacific 전체에 걸쳐 나타나는 phenomenon으로 보고 있다. 또 El Niño가 지구의 atmospheric circulation(대기순환)에 influence를 미치고, 그것이 다시 세계 여러 지역의 weather에도 influence를 미친다는 것도 알게 됐다.

La Niña는 El Niño와는 정반대되는 influence를 미치고 있다. America의 남동부에서는 평상시보다 moderate(온화)한 겨울을 맞이하고 북서부에서는 severe(아주 추운)한 겨울을 맞는다. 그러나 La Niña가 왜 발생하고 기상에 정확히 어떤 influence를 미치는지는 아직 확실히 밝혀지지 않았다.

우리나라의 carbon dioxide emissions(이산화탄소 배출량)

Global warming에 influence를 미치는 greenhouse gas 중 비중이 가장 높은 것은 carbon dioxide이다. 최신의 statistics(통계)에 따르면, 2009년

전 세계 carbon dioxide emissions는 303억 9,800만 톤이다. 이는 2008년보다 0.3퍼센트 감소한 것이다.

North America와 Europe은 2008년 financial crisis(금융 위기)로 인해 2009년에는 carbon dioxide emissions가 6.9퍼센트나 reduce했다. Greenhouse gas를 줄이기 위해 노력을 기울인 결과가 아니라 depression(경기 침체)으로 인해 산업 전반에서 greenhouse gas가 덜 release(방출)했기 때문이다. 그렇지만 우리나라는 depression에도 despite(불구)하고 greenhouse gases가 1.2퍼센트나 increase했다.

Carbon dioxide emissions of 2009
1위 중국: 77억 1,050만 톤(1인당 5.83톤)
2위 미국: 58억 3,313만 톤(1인당 14.19톤)
3위 인도: 16억 212만 톤(1인당 1.38톤)
4위 러시아: 15억 7,207만 톤(1인당 11.23톤)
5위 일본: 10억 9,796만 톤(1인당 8.64톤)
6위 독일: 7억 6,556만 톤(1인당 9.3톤)
7위 캐나다: 5억 970만 톤(1인당 16.15톤)
8위 한국: 5억 2,813만 톤(1인당 10.89톤)
9위 이란: 5억 2,718만 톤(1인당 6.94톤)
10위 영국: 5억 1,994만 톤(1인당 8.35톤)

《The Guardian(가디언)》, 2011〉

2008년의 financial crisis로 인해 2009년에는 전 세계적으로 carbon dioxide emissions가 감소했지만 경기가 다소 recover(회복)되면서 2010년과 2011년에는 또다시 carbon dioxide emissions가 증가했으리라 예상된다.

우리나라 GDP 규모는 2009년에는 15위 정도였지만 carbon dioxide emissions는 8위로 뛰어올랐다. 이 순위는 영국, 프랑스, 이탈리아, 스페인보다 높을 뿐 아니라, 자원이 풍부하고 인구도 한국보다 많은 인도네시아, 브라질보다도 carbon dioxide를 더 많이 release하고 있다는 뜻이다. 이후 2010년과 2011년에도 우리나라의 fossil fuel의 imports(수입)는 줄어들지 않았다. 따라서 우리나라의 carbon dioxide emission는 줄지 않았을 것으로 예측할 수 있다.

4

Circulation of Ocean Current
해류의 순환

Earth's sweat, the sea.
바다는 지구의 땀이다.

— **Empedocles**(엠페도클레스)

basic concept

세계의 기후를 좌우하는
Circulation of Ocean Current

Ocean current 또는 sea current(해류)란 sea water(바닷물)가 일정한 방향과 속도로 이동하는 것을 말한다. Ocean current가 발생하는 원인으로는 wind(바람), sea water(바닷물)의 density(밀도) 차이, temperature(온도) 차이 등을 꼽을 수 있다.

Pacific(태평양)과 Atlantic(대서양) 서쪽의 Kuroshio Current(쿠로시오 해류)나 Gulf Stream(멕시코 만류)처럼 폭이 좁고 속도가 빠른 sea current는 wind 외에도 Earth(지구)의 rotation(자전)으로 인한 힘, 즉 Corioli's force(코리올리 힘,

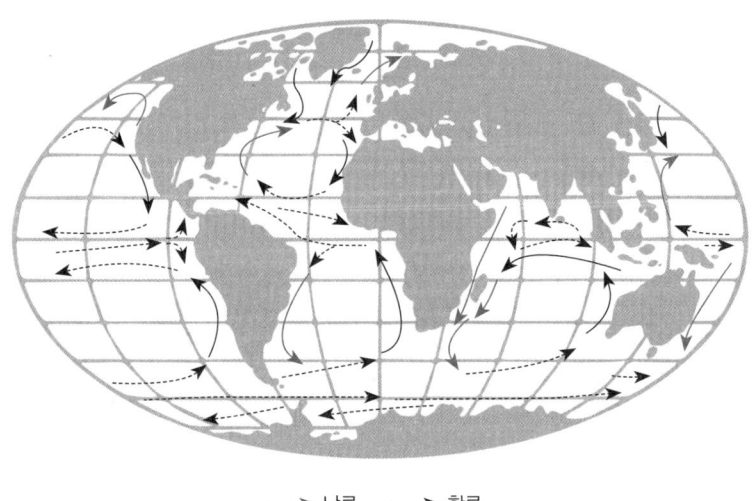

→ 난류   → 한류

전향력)를 받아 생긴다.

    Northern hemisphere(북반구)에서 sea current는 clockwise(시계 방향으로 움직이다)한 spiral(나선 모양)을 이루고 southern hemisphere(남반구)에서는 counter clockwise(반시계 방향으로 움직이다)한 rotation(순환)을 한다.

    Sea current는 주로 wind에 의해 발생하는 surface ocean current(표층 해류)와 sea water의 density 차이에 의해 발생하는 deep sea current(심층 해류)로 나눌 수 있다. Surface ocean current는 depth of water(수심)가 2,000미터 이하인 surface layer water(표층수)에서 대부분 wind와 sea surface의 friction(마찰)에 의해 발생한다. Surface ocean current를 만드는 wind는 trade wind(무역풍)와 westerlies(편서풍)이다.

    Surface ocean current 중 equator(적도) 부근에서 polar regions(극지방)로 흐르는 warm current(난류)는 equator의 thermal energy(열에너지)를 polar regions로 운반한다. Equator 근방을 서쪽에서 동쪽으로 흐르는 Equatorial Countercurrent(적도 반류), 그 위 high latitudes(고위도 지방)를 동쪽에서 서쪽으로 흐르는 North Equatorial Current(북적도 해류), 일본 근해를 북상하는 Kuroshio Current(쿠로시오 해류), North America(북아메리카)의 동쪽 연안을 북상하는 Gulf Stream(멕시코 만류) 등이 대표적이다. 이들 ocean currents는 surface sea temperature(해수면 온도)가 높고 salinity(염도)가 낮고 물빛이 투명하다. 즉 density가 낮다. 그리고 oxygen(산소)의 concentration(농도)이 낮아서 plankton(플랑크톤)이 적다.

    반면에 high latitudes에서 low latitudes(저위도 지방)로 이동하는 cold current(한류)는 North America의 서쪽 해안을 남하하는 California Current(캘리포니아 해류), 일본 근해를 흐르는 Kurile Current(쿠릴 해류), America 대륙의 북동쪽 해안을 흐르는 Labrador Current(래브라도 해류) 등이 대표적이다. 이들 ocaen currents는 surface sea temperature가 낮고

방 발프리드 에크만
(1874~1954)

물빛이 불투명하고 salinity가 높다. 즉 density가 높다. 그리고 영양이 풍부해 phytoplankton(식물성 플랑크톤)이 많아 cold water fish(냉수성 어류)의 fishing ground(어장)를 형성한다.

Deep sea current는 바닷속 깊은 곳에서 흐르는 current를 말한다. Antarctica(남극대륙)나 Greenland(그린란드) 주변 해역의 sea water는 surface sea temperature가 낮거나 salinity가 높다. 즉 sea water의 density가 큰 편이다. 이러한 sea water는 무겁기 때문에 바닷속으로 가라앉아 흐르는 deep sea current가 된다. Deep sea current는 equator 쪽으로 흘러가 Earth의 thermal energy를 배분한다.

한편 Indian Ocean(인도양) 북부의 ocean current는 monsoon(계절풍)의 영향을 크게 받아 1년에 두 번(여름과 겨울) ocean current의 방향이 바뀐다. 겨울에는 northeast monsoon(북동계절풍)에 의해 서쪽으로 흐르고, 여름에는 southwest monsoon(남서계절풍)에 의해 동쪽으로 흐른다.

Sea surface 위에서 wind가 일정한 방향으로 계속 불면 wind와 sea surface 사이에 friction이 생겨 sea surface에 일정한 흐름이 생기는데, 이를 가리켜 Ekman transport(에크만 수송)라고 한다. Ekman transport는 이것을 이론적으로 처음 설명해낸 Vagn walfrid Ekman(방 발프리드 에크만)의 이름에서 따온 명칭이다.

• Earth에 ocean current가 없다면?
Ocean current는 세계의 climate에 큰 영향을 미친다. Ocean current는 Earth가 rotation을 하기 때문에 northern hemisphere에서는 오른쪽으로 휘어지고 southern hemisphere에서는 왼쪽으로 휘어진다. Ocean current는 항상 일정한 방향으로 흐르기 때문에 ocean general circulation(해양 대순환)이 발생한다. Ocean general circulation은 equator 근처를 흐르는 surface sea

temperature가 높은 sea water를 surface sea temperature가 낮은 쪽으로 이동하게 만든다. 만일 Earth에 ocean current가 없었다면 tropics(열대지방)는 지금보다 더 더워지고 polar regions는 더 추워졌을 것이다.

reading earth science

해수의 순환

해수란 바다의 물을 일컫는 말로 전 세계 바다의 해수는 평균 3.5퍼센트 정도의 염분을 포함하고 있다. 1킬로그램(부피로 치자면 1리터 정도)의 해수마다 약 35그램의 소금—대부분 나트륨 이온(Na^+)과 염소 이온(Cl^-)을 함유한다.

해수는 민물보다 많은 이온을 함유한다. 그러나 용질의 비율은 놀라울 정도로 다르다. 예를 들어 액체의 리터당 농도를 바탕으로 봤을 때, 해수는 강물보다 2.8배나 많은 1개의 수소 원자가 대체된 탄산염을 함유하나 액체 속에 용해된(reduced ions to a liqvid form) 모든 이온과의 비율로 봤을 때 수소 원자가 대체된 탄산염의 비율은 강물보다 훨씬 낮다. 중탄산염 이온은 또한 강물에 용해된(dissolved) 물질들의 48퍼센트를 구성하지만 모든 해수 이온에는 0.1퍼센트만을 구성한다. 이러한 차이는 해수에 녹아든 물질들의 다양한 체류 시간(residence times) 때문이다. 칼슘이 단시간에 침전되는 경향이 있는 것에(tendency to precipitate) 반해 나트륨과 염소는 매우 긴 용해 상태의 체류 시간을 갖는다. 나트륨, 염소, 마그네슘, 황산염 그리고 칼슘이 해수에 풍부한 용해된 이온들이다.

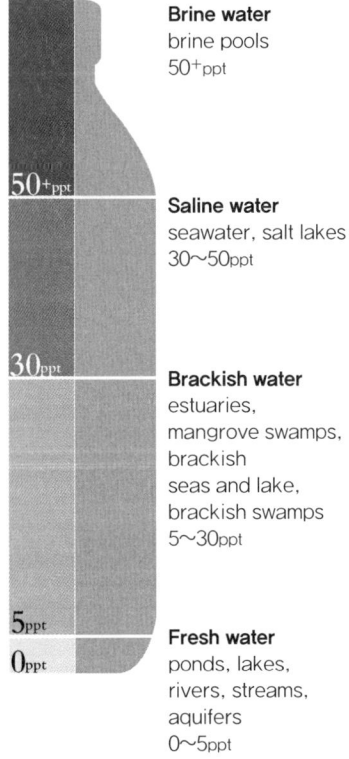

Brine water
brine pools
50+ppt

Saline water
seawater, salt lakes
30~50ppt

Brackish water
estuaries,
mangrove swamps,
brackish
seas and lake,
brackish swamps
5~30ppt

Fresh water
ponds, lakes,
rivers, streams,
aquifers
0~5ppt

*ppt(=parts per thousand)

Circulation of seawater

Seawater refers the water from an ocean and it contains salt for 3.5% in average. In each kilogram (approximately one liter by volume) of seawater, it contains roughly 35 grams (1.2 oz) of (mostly sodium (Na^+) and chloride (Cl^-) ions).

Seawater contains more ions form than all freshwater. But the proportion of solutes is different in a very impressive manner. For example, even though seawater contains about 2.8 times more salt of carbonic acid in which one hydrogen atom has been replaced than river water in the basis of concentration measured by the number of moles of solute per liter of solution, the percentage of a salt of carbonic acid in which one hydrogen atom has been replaced in seawater as a proportion of all reduced ions to a liquid form is much lower than in river water. Bicarbonate ions also compose 48% of river water the dissolved matter in a solution but only 0.14% of all seawater ions. Differences like these are due to the varying residence times of the dissolved matter in seawater; sodium and chlorine have very long residence times, contrast to calcium which has a tendency to precipitate in a short time. Sodium, chloride, magnesium, sulfate and calcium are the dissolved ions rich in seawater.

표층과 심해에서의 순환

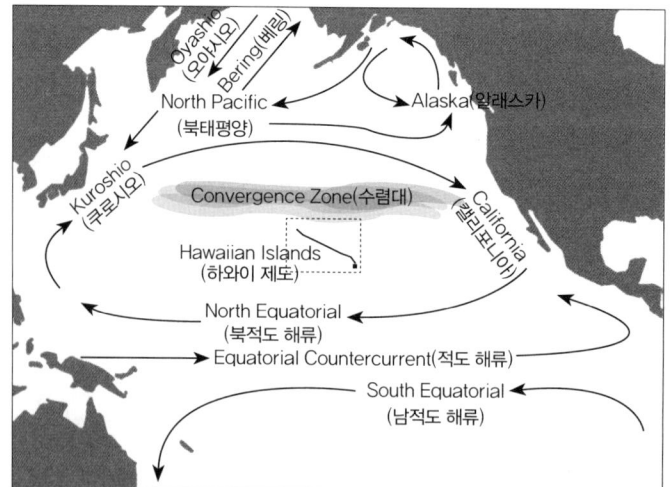

태평양에서의 열염분 순환

 과학자들이 표해수층, 중심해수층, 점심해수층, 심해원양대, 초심해대로 이름 지은 5개의 바다 층이 있다. 바다 표면의 물이 대기와 열과 수분을 교환함에 따라 밀도가 달라진다. 물의 냉각과 염도의 상승이 물의 밀도를 높여 부력을 없애 평형에 도달하는 깊이까지 하강하게 한다. 이를 열염분 순환(thermohaline circulation)이라 부른다.

서안 강화 현상

 서안 강화 현상(western intensification)이란 서쪽 하구의 해류가 동쪽 해류에 비해 강하고 빠른 경향을 말한다. 열대지방에서 무역풍이 서쪽으로 불고 편서풍이 중위도에서 동쪽으로 분다. 북반구의 음적 컬(negative curl)과 남반구의 양적 컬(positive curl)은 이 바람의 패턴이 아열대의 바다 표면에 만드는 응력(stress)에 의하여 만들어진다. 한대 극환류(polar gyres)에서는 바람의 응력 컬(wind stress curl)의 조짐과 결과적으로 나타나는 흐름의 방향이 반대가

Circulation of layers and depth

There are 5 ocean layers that scientists named as epipelagic zone(the sunlight zone), mesopelagic zone(the twilight zone), bathypelagic zone(the midnight zone), abyssopelagic zone(the abyss), and hadalpelagic zone(the trenches). As the surface water of the ocean exchanges heat and fresh water with the atmosphere its density changes. The cooling or the increase of salinity makes surface water denser which consequently removes buoyancy for it to descent to an equilibrium depth. This is called, thermohaline circulation.

Western intensification

Western intensification refers to the tendency of the oceanic current of the western arm to be stronger and faster contrast to the current at the eastern margins. The trade winds rise to west in the tropics, and the westerlies rise to east at mid-latitudes. The negative curl in the northern hemisphere and a positive curl in the southern hemisphere are created by the stress contributed by this wind pattern to the subtropical ocean surface. In the polar gyres, the wind stress curl and the direction of the resulting currents are reversed.

Western intensification was first explained by the American oceanographer Henry Stommel.

Upwelling and sedimentation

The older deep water masses became less dense by ocean

된다.

서안 강화 현상은 맨 처음 미국 해양학자 헨리 스토멀에 의해 설명되었다.

용승과 퇴적

해양 혼합(ocean mixing)에 의해 밀도가 낮아진 오래된 깊은 수괴는 대양 분지(ocean basin)로 가라앉는 밀도가 더 높은 수괴(all the water masses with more density)들로 대체된다. 균형을 유지하기 위해서는 물은 다른 곳에서 반드시 올라와야 한다. 이 열염분 용승(thermohaline upwelling)의 느린 속도와 넓은 분포 때문에 바다 표면에서 바람에 의한 모든 다른 과정들이 진행되는 상황에서 흐름의 속도를 이용해 어디에서 용승이 나타나는지 관찰하는 것은 매우 어렵다. 해수 속 부유성 고형물은 잠기면서 부서져 깊은 물에 각각의 화학적 특성을 부여한다.

입자는 액체 안에서 장애물에 기대어 정지된 상태가 되고자 하는 경향이 있는데 이를 퇴적이라 한다. 이것은 액체 안에서의 그들에게 작용하는 중력 혹은 전자기 등의 힘에 대한 반응적 움직임 때문이다.

지질학에서 퇴적은 침전물 수송의 마지막 종착점이며 침식의 완전한 반대를 의미할 수 있으며, 같은 관점에서 실질적 소류사의 유송(bedload transport)에 의한 운송의 종단 또한 이에 포함된다.

퇴적은 흐르는 물의 커다란 돌에서부터 떠 있는 먼지, 꽃가루 입자, 세포 입자, 단백질 같은 한 분자 액체 등을 포함하는 다양한 크기의 물체에 적용된다. 아스피린과 같은 작은 입자도 자연 현상으로 퇴적될 수 있으나 주목할 만한 퇴적을 만들 정도로 충분한 힘을 적용하는 것은 어려울 수 있다.

이 용어는 일반적으로 지질학에서 퇴적물로부터 퇴적암을 형성하게 되는 자연 현상을 묘사하기 위해, 그리고 다양한 화학적 환경적 분야에서 종종 작은 규모의 입자와 분자의 움직임을 묘사하기 위해 쓰인다.

mixture and then displaced by all the water masses with more density sinking into the ocean basins. To keep the balance, water has to rise at another place. It is difficult to observe where upwelling occur using current velocity, also with the situation which all the other wind-driven process going on in the surface ocean, because of the slow speed and the wide dispersion of thermohaline upwelling. Particular matters in the seawater breaks down as it sink and assign chemical characteristics to deep waters.

Particles in fluid have a tendency to stop and settle down against a barrier and it is called as sedimentation. This is because of their motion through the fluid in response to the forces, such as gravitation or electromagnetism, acting on them.

Sedimentation in geology, could mean as the terminal end of sediment transport, the opposite of the erosion process and also includes the termination of transport by true bedload transport in the same notion.

Sedimentation can applies to objects of various sizes, including large rocks in flowing water to suspensions of dust and pollen particles to cellular particles to solutions of single molecules like proteins. Very small molecule like aspirin can be deposited by some natural process, even though it can't be easy to apply a strong enough force to make a notable sedimentation.

The term is generally used in geology, to describe the natural process of forming sedimentary rock from sediments, and in a variety of chemical and environmental fields to describe the motions of smaller molecules.

엘니뇨 현상

　평균값과 비교했을 때 태평양 바다 표면 온도의 장기간 차이를 보이는 것을 엘니뇨라 정의한다. 엘니뇨로 받아들여지는 상태의 기준은 열대 태평양 바다의 평균보다 최소 0.5°C 더 따뜻하거나 차가운 상황이다.
　차갑고 영양분이 많은(nutrient-rich) 훔볼트 해류는 엘니뇨 현상에 의해 적도 해류의 따뜻하고 영양분 없는(nutrient-poor) 열대 해수에 의해 대체된다. 엘니뇨 현상이 몇 달 동안 지속되는 동안 심각한 해상 온난화와 동무역풍의 감소가 차갑고 영양분이 많은 깊은 물의 용승 작용을 제한하여 국제 시장에 대한 현지 수산업 경제의 파장이 매우 심각할 수 있다.

El Niño

When the surface temperature of Pacific Ocean becomes different for a relatively long period compared with the average value, it is defined as El Niño. The accepted standard is a warming or cooling of at least $0.5°C$ averaged over the tropical Pacific Ocean.

The cold, nutrient-rich Humboldt Current is replaced by the warm nutrient-poor tropical water in the Equatorial Current, because of El Niño. While El Niño conditions continue for many months, extensive ocean warming and the reduction in Easterly Trade winds limits upwelling of cold nutrient-rich deep water and its economic stress to local fishing for an international market can be serious.

problem solving

문제1 제시문이 참인지 거짓인지 표시하시오.

> a. 해수의 어느 부분도 염분은 기본적으로 증발과 강수의 균형의 차이이다. (   )
> b. 해수면에 얼음이 생길 때 그 속에 염분은 없다. 이로 인해 얼음 밑의 바닷물이 염도가 더 높다. (   )

문제2 지진은 (   )로 불리는 거대한 파도를 일으킬 수 있다.
① 해일
② 쓰나미
③ 쇄파
④ 상승류

문제3 다음에서 바다의 주요한 세 해류 중 하나가 아닌 것은?
① 역조
② 상승류
③ 표면 전류
④ 밀도류

➡ 해답 1. T, T 2. ② 3. ①

Example 1 Indicate whether the statement is true or false.

a. The salinity of ocean water in any particular area is primarily the balance between evaporation and precipitation. (　)
b. When ice forms on the surface of the ocean, it does not include the salts. This makes the ocean below the ice more salty. (　)

Example 2 Earthquakes can cause mammoth waves called (　).
① tidal waves
② tsunamis
③ surfing waves
④ upwelling waves

Example 3 Which of the following is NOT one of the three main types of currents of the oceans?
① rip tides
② upwellings
③ surface currents
④ density currents

rest in earth science

Deep ocean current와 climate change(기후 변화)

　Ocean current의 가장 큰 역할 중 하나는 thermal energy를 transport(수송)하는 것이다. Circulation of ocean current에 의해 많은 thermal energy가 low latitudes에서 high latitudes로 이동한다. 그렇기 때문에 low latitudes의 warm current는 temperature가 더 올라가지 않고 high latitudes의 cold current는 더 이상 temperature가 내려가지 않아 Earth의 thermal energy가 균형을 이루게 된다. 예컨대 England(영국)는 북위 50°N부터 60°N에 위치해 있는 나라임에도 Siberia(시베리아) 남부 지역과 달리 겨울철 기후가 비교적 온난한데, 그 이유는 warm current인 North Atlantic sea current가 England의 근해를 흐르고 있기 때문이다.

　Sea water의 density는 temperature가 낮고 salinity가 많을수록 높다. Density가 높은 sea water는 무거워져 deep sea(심해)로 가라앉는데, 이것을 deep ocean current 또는 density current(밀도류)라고 한다. Deep ocean current가 대규모로 형성되는 지역은 Canada(캐나다)의 Labrador Peninsula(래브라도 반도)와 Greenland 사이의 Labrador Sea(래브라도 해)와 Norway(노르웨이) 북서쪽에 있는 Norwegian Sea(노르웨이 해)이다. 이곳에서 deep ocean current가 대규모로 형성되는 까닭은 precipitation(강수량)보다 evaporation loss(증발량)가 많아서 sea water의 salinity가 높기 때문이다. 특히 겨울철에는 sea water가 얼어붙으면서 소금이 빠져나와 sea water의 density가 더 높아진다. 이 sea water가 가라앉으면서 surface current가 wind와 상관없이 Greenland의 외해까지 흐르게 된다. 이러한 deep ocean current는 Earth의 rotation에 의해 Atlantic의 서쪽 경계를 따라 남쪽으로 흐른다. 그러다가 Antarctic Ocean(남극해)에서 형성된 deep

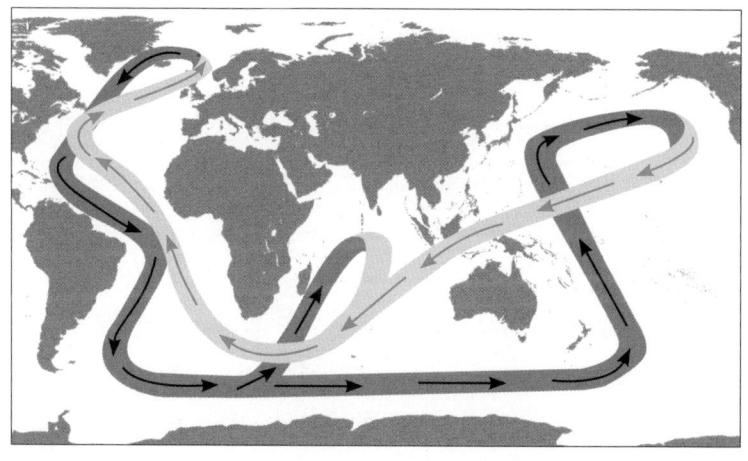

← warm shallow current(따뜻하고 표층에서 흐르는 해류)
← cold & deep high salinity current(차고 심해에서 흐르는 고염분의 해류)

ocean current와 합류하게 된다. 이 Deep ocean current는 Indian Ocean과 Pacific으로 흘러간다. Pacific으로 흘러간 deep ocean current 는 New Zealand(뉴질랜드) 근방에 있는 깊은 trench(해구)로 흘러가 그곳의 sea water와 섞이면서 Pacific에서 상승하게 된다. 이렇게 surface로 상승한 sea water는 surface current를 따라 다시 Indian Ocean을 지나 Atlantic으로 흘러간다. 이를 thermohaline circulation(열염 순환) 혹은 ocean conveyor belt(해류 컨베이어 벨트), global conveyor belt(전 지구적 컨베이어 벨트)라 한다.

이처럼 Deep ocean current는 low latitudes에서 남아도는 thermal energy를 temperature가 낮은 high latitudes로 운반하는 역할을 한다. 그런데 global warming에 의해 deep ocean current의 ocean conveyor belt가 약화되거나 끊어지면 Earth는 심각한 climate의 변화를 겪게 될 것이다.

최근 들어 전 세계적으로 닥친 겨울철 추위는 climate change의 한 예일
수 있다.

Underwater city(해저 도시)가 가능할까?

책이나 만화에서 보았던 underwater city, 어쩌면 멀지 않은 미래일지도
모르겠다. 《Daily Mail(데일리메일)》에 따르면, 현재 south pacific(남태평양) 한
복판에 있는 Fiji Islands(피지 섬) 해안 depth of water 12미터 지점에
Poseidon Undersea Resorts(포세이돈 해저 리조트)라는 해저 호텔 건설이 추진
되고 있다. Poseidon Undersea Resorts에는 호화로운 객실과 함께 레스
토랑, 헬스클럽, 결혼식장 등이 갖춰질 예정이며, 객실 외관은 모두 특수 유리
로 둘러싸서 환상적인 바닷속 전망을 즐길 수 있도록 할 것이라고 한다.

Poseidon Undersea Resorts는 큰 hydraulic pressure(수압)에 버틸 수
있도록 강철 구조물에 두꺼운 아크릴 플라스틱 소재를 덧씌우고, 사람들이
거주하는 데 무리가 없도록 건물 내 atmospheric pressure(기압)가 항상 1
atmosphere(1기압, 760mmHg)를 유지하도록 design(설계)되어 있다. 또 earth-
quake(지진)나 volcanism(화산)과 같은 강한 explosion(폭발)으로 인해 건물
구조물에 crack(균열)이 생기면 개별 룸이 자동으로 분리되도록 design되어
있다. 이러한 모든 특성들은 underwater city의 construction(건설)의 기본
과 일치한다.

Underwater city를 construct(건설)하려면 우선 ground(지반)가 안정화
돼 있고 depth of water가 적정한 지역을 찾아야 한다. 바닷속으로 3미터
내려가면 인간의 경우 eardrum(고막)이 파열되고 300미터 정도 내려가면
lung(폐)이 파열될 정도로 hydraulic pressure가 세기 때문이다. 또 아무리
바닷속이라고 해도 햇빛이 일정 정도 들어오면서 동식물이 풍부하게
inhabit(서식)하는 곳이 인간이 살기에도 이롭고 쾌적할 것이다. 실제로 많은
이들이 underwater city를 construct할 만한 장소로 꼽는 Florida(플로리다)
동부 해안의 Conch reef(칸크 산호초) 지역에는 underwater research

facility(해저 연구 시설)인 Aquarius(아쿠아리우스)가 있다. Aquarius는 그 안에서 marine biologist(해양생물과학자)들이 연구를 하고 sampling process(표본 작업)를 할 수 있도록 lab equipment(실험실 장비)와 computer(컴퓨터)를 house(갖추다)하고 있다.

다음으로 해저 건물 내부 atmospheric pressure가 인간이 쾌적하게 거주할 수 있는 1 atmosphere이어야 한다. 또 바닷물이 내리누르는 hydraulic pressure를 감안해 Dome-type(돔형)으로 아주 튼튼한 소재로 튼튼하게 지어져야 한다. Submarine(잠수함)처럼 말이다.

그뿐 아니라 electric power(전력)를 공급하기 위한 source of motive power(동력원), oxygen을 공급하기 위한 시설, 바닷속 교통수단이라 할 수 있는 submarine 등도 underwater city의 construction에 꼭 필요한 부분이다.

5

Sea Wave and Tide
파도와 조수

Time and tide wait for no man.
시간과 조수는 누구도 기다려주지 않는다.

— Geoffrey Chaucer(제프리 초서)

basic concept

바다의 끊임없는 움직임
Sea Wave and Tide

Sea wave(파도)가 생기는 원인

Sea wave(파도)는 cycle(주기)과 wavelength(파장)가 짧은 water waves(수면파) 중에서 sea level(해수면)에 나타나는 wind and waves(풍랑, 너울) 등을 말한다. 대부분의 sea wave는 wind가 sea surface(해수면)와 friction(마찰)을 일으킬 때 형성된다. 처음에 wind가 불기 시작했을 때는 sea wave의 속도가 wind의 속도보다 느리다. 그러나 wind가 끊임없이 불어오면 sea wave의 속도가 wind의 속도보다 더 빨라진다. 따라서 wind의 속도가 빠를수록 wave도 커지게 되는 것이다.

바다에서는 매일 두 번씩 flood tide(밀물)와 ebb tide(썰물)가 반복적으로 일어나는데 이때도 sea wave가 발생한다.

Wave의 일부는 Earth(지구) 주위에 있는 planet(행성)들과 satellite(위성)들의 gravity(중력)에 의해서도 발생한다. 또 극히 일부는 물의 surface tension(표면장력)에 의해서도 생긴다. 그러나 대부분의 sea wave는 wind에 의해 발생한다.

come and go of the tide(조수 간만)

바다에는 come and go of the tide(조수 간만)가 있다. Ebb tide 때 sea

surface가 가장 낮아지는 것을 low tide(간조), flood tide(밀물) 때 sea surface가 가장 높아지는 것을 high tide(만조)라고 한다. 그리고 low tide와 high tide의 차를 come and go of the tide의 차라고 한다. Come and go of the tide는 보통 하루에 2회 있다.

  Low tide and high tide는 Moon(달)의 gravity가 Earth에 영향을 끼쳐 sea water(바닷물)를 끌어당김으로써 발생한다. Moon과 Earth 사이 gravity가 작용하는데도 늘 일정한 거리를 두고 떨어져 있는 까닭은 Moon과 Earth와의 연동에 의한 centrifugal force(원심력)가 작용하고 있기 때문이다. 이러한 centrifugal force와 gravity가 sea water의 come and go of the tide를 발생시킨다. Earth는 하루에 한 번 rotate(자전)하고 있어 high tide와 ebb tide는 하루에 각각 2번 발생한다.

  Moon과 Sun(태양) 사이에 gravitational force(중력)가 작용하여 힘이 합쳐지면 sea water의 low tide and high tide가 커진다. Moon과 Sun이 일직선상에 나란히 놓일 때 Earth에 미치는 gravity가 커져 low tide and high tide의 차도 커진다. Low tide and high tide의 차가 가장 큰 때는 spring tide(사리)로, 음력 full moon(보름)이나 말일쯤에 나타난다. 반면에 Moon과 Sun이 수직선상에 놓일 때 low tide and high tide의 차가 가장 작아진다. 이렇게 low tide and high tide의 차가 가장 작을 때를 neap tide(조금)이라고 하는데, 음력 7~8일(first quarter, 상현)이나 음력 22~23일(last quarter, 하현)쯤에 나타난다.

  이처럼 mean sea level의 높낮이는 Moon과 밀접하게 관련되어 있다. Mean sea level이 높아졌다가 낮아지는 현상은 Moon이 차고 기우는 것에 따라 약 15일을 cycle로 반복된다 .

reading earth science

　　　　조수란 해수면이 높아졌다 낮아지는 것으로, 달과 태양 사이의 인력(gravitational forces)과 지구의 자전에 따라 중력이 작용해 생겨난다. 어떤 해안에서는 하루에 밀물과 썰물이 두 번 반복되는데, 반일주조, 하루 두 번의 조수 현상이라고 한다. 어떤 해안에서는 밀물과 썰물이 딱 한 번만 일어나는데, 일주조(diurnal tide)라고 부른다. 어떤 지역은 조수가 하루에 두 번 불규칙적으로 일어나거나 때로는 한 번만 일어나는데 이를 혼합조(mixed tide)라고 한다.

　조수가 일어나는 시간과 크기는 태양과 달의 배치, 심해수에서의 조수 흐름, 해양의 무조점(조수가 일어나지 않는 지점), 해안선의 모양, 해안 수심에 따라 달라진다.

　조수는 많은 영향 요소에 의해 몇 시간에서부터 몇 년까지, 그 시간 범위가 다르다. 시간을 정확히 측정하기 위해 특정 장소에 조수 측정기(tide gauge)를 고정시켜놓고 시간에 따른 해수면 변화를 측정하는 방법이 있다. 다만 측정기의 수치는 몇 분 이상의 파도로 인해 발생한 변수만 반영한 것으로 평균 해수면(mean sea level) 수치와 비교 과정을 거친다.

　조수는 해수면이 짧은 시간에 변화하는 가장 큰 원인이지만, 해수면은 또한 바람이나 압력 변화의 영향을 받는다. 바람이나 압력 변화는 얕은 해안에 폭풍 해일(storm surges)을 가져오기도 한다.

　조수는 바다에서만 볼 수 있는 현상이 아니다. 중력이 변화하는 곳이라면 조수 현상이 일어날 수 있다. 예를 들어, 바닷물의 조수 현상보다는 드물지만, 지구의 육지도 조수의 영향을 받는다.

　조수는 다음의 단계를 거친다.

1 해수면이 몇 시간에 걸쳐 상승해 조간대(intertidal zone)를 덮는다: 밀물
2 해수면이 최고조(highest level)에 달한다: 만조

Tides are the rise and fall of sea levels caused by the combined effects of the gravitational forces exerted by the Moon and the Sun and the rotation of the Earth. Some shorelines experience two almost equal high tides and two low tides each day, called a semi-diurnal tide. Some locations experience only one high and one low tide each day, called a diurnal tide. Some locations experience two uneven tides a day, or sometimes one high and one low each day; this is called a mixed tide.

The times and amplitude of the tides at a locale are influenced by the alignment of the Sun and Moon, by the pattern of tides in the deep ocean, by the amphidromic systems of the oceans, and by the shape of the coastline and near-shore bathymetry.

Tides vary on timescales ranging from hours to years due to numerous influences. To make accurate records, tide gauges at fixed stations measure the water level over time. Gauges ignore variations caused by waves with periods shorter than minutes. These data are compared to the reference (or datum) level usually called mean sea level.

While tides are usually the largest source of short-term sea-level fluctuations, sea levels are also subject to forces such as wind and barometric pressure changes, resulting in storm surges, especially in shallow seas and near coasts.

Tidal phenomena are not limited to the oceans, but can occur in other systems whenever a gravitational field that varies in time and space is present. For example, the solid part of the

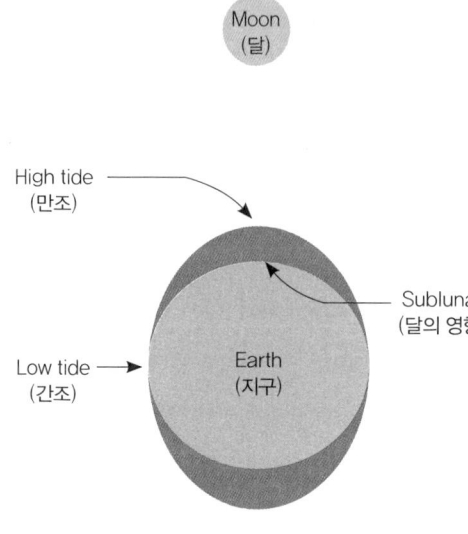

3 다시 바닷물은 몇 시간에 걸쳐 낮아지고 조간대가 드러난다: 썰물
4 해수면이 더 이상 낮아지지 않는다: 간조

조수는 조류(tidal streams)로 알려진 왔다 갔다 하는 흐름을 만들어 낸다. 조류가 멈추는 순간을 게조(slack water)라고 하는데, 그 다음에 조류는 반대 방향으로 흐르게 된다. 게조는 밀물(high water)이나 썰물(low water)이 일어날 때 발생한다. 그러나 어떤 지역에서는 조수 시간과 현저히 다른 시간에 게조가 일어나기도 한다.

조수는 일반적으로 반일주조(매일 물이 두 번 높아지고 두 번 낮아지는 현상)이거나 일주조(하루 한 번의 조수 현상) 두 가지로 나뉜다. 반일주조에서 밀물의 높이는 다르기 마련이다(일조부등). 즉 조석표에서 더 높은 밀물과 더 낮은 밀물이 있다. 마찬가지로 매일 나타나는 두 개의 썰물에도 더 높은 썰물과 더 낮은 썰물이 있다. 일조부등은 일정하지 않으며, 달이 적도 위에 있을 때 작아진다.

Earth is affected by tides, though this is not as easily seen as the water tidal movements.

Tide changes proceed via the following stages:

1 Sea level rises over several hours, covering the intertidal zone; flood tide.
2 The water rises to its highest level, reaching high tide.
3 Sea level falls over several hours, revealing the intertidal zone; ebb tide.
4 The water stops falling, reaching low tide.

Tides produce oscillating currents known as tidal streams. The moment that the tidal current ceases is called slack water or slack tide. The tide then reverses direction and is said to be turning. Slack water usually occurs near high water and low water. But there are locations where the moments of slack tide differ significantly from those of high and low water.

Tides are most commonly semi-diurnal (two high waters and two low waters each day), or diurnal (one tidal cycle per day). The two high waters on a given day are typically not the same height (the daily inequality); these are the higher high water and the lower high water in tide tables. Similarly, the two low waters each day are the higher low water and the lower low water. The daily inequality is not consistent and is generally small when the Moon is over the equator.

problem solving

문제1 제시문이 참인지 거짓인지 표시하시오.

> a. 지구의 실제 공기 순환은 지구에 산이 있기 때문에 3-cell model과 다르다.
> ( )
> b. 코리올리 효과는 대기뿐만 아니라 대양에도 영향을 끼친다. ( )
> c. 바람은 기본적으로 공기의 고기압지역에서 저기압지역으로의 움직임이다.
> ( )

문제2 코리올리 효과에 의해 생긴 해류는 ( )라고 불린다.
① 표층 해류
② 역조
③ 환류
④ 배낵

문제3 코리올리 효과 때문에 바람은 단순히 고기압지역에서 저기압지역으로 이동하는 것이어서 회전하면서 ( ) 바람이 된다.
① 주변의
② 사이클론의
③ 타원의
④ 원형의

➡해답 **1.** T, T, T **2.** ③ **3.** ②

94 파도와 조수

Example 1 Indicate whether the statement is true or false.

a. The actual air circulation on the Earth is different from the 3-cell model because there are mountains on the Earth. (　)
b. The Coriolis effect affects the oceans as well as the atmosphere. (　)
c. Wind is basically the movement of air from a place of high pressure to a place of lower pressure. (　)

Example 2 The currents in the oceans created by the Coriolis effect are called (　).
① subsurface
② riptides
③ gyres
④ bannocks

Example 3 Because of the Coriolis effect, winds don't move just from areas of higher pressure to areas of low pressure, they also circle, becoming (　) winds.
① circumferential
② cyclonic
③ ellipsoidal
④ orbicular

rest in earth science

Wave energy(파도 에너지)와 seabed carpet(해저 카펫)

USA(미국) University of California(캘리포니아대학), Berkeley(버클리캠퍼스)의 연구진이 waves(파도)로부터 energy(에너지)를 extract(뽑아내다)할 수 있는 synthetic(인공적)한 seabed carpet(해저 카펫)을 제안했다.

Synthetic한 seabed carpet이란 University of California, Berkeley 의 Mohammad-Reza Alam(모하마드 레자 알람)이 muddy seafloors(진흙 해저) 에서 ocean waves(파장)가 dampen(약화, 감쇠)되는 것에 착안해 구상한 'carpet of wave-energy conversion(CWEC, 파도-에너지 변환 카펫)' 으로, coastal seafloor(연안 해저)에서 generator(발전기)로 사용 가능하리라 보인다.

Carpet of wave-energy conversion이 실현되면 값이 싸면서도 깨끗한 electricity(전기)를 produce(생산)할 수 있으며, strong waves(강한 파도)로부터 coastal area(해안 지역)를 보호하고 storm(폭풍우)이 몰아칠 때 배들의 safe haven(피난처) 역할도 할 수 있어 주민의 안전을 지키는 데도 유용할 것이라고 한다.

참고로 muddy seafloors와 ocean waves의 관계에 대해 조금 알아보자 면, 일반적으로 muddy seafloors는 ocean waves를 약화시킨다고 알려져 있다. 예컨대 Gulf of Mexico(멕시코만)에서 어부들은 storm이 치면 배를 조 정해 muddy spot(진흙 지역)으로 간다. 이곳에서는 wave-mud interaction(파도-진흙 상호작용)이 강하기 때문에 storm에 의해 발생한 거센 waves 가 dampen되어 배가 안전하게 머물 수 있기 때문이다.

Carpet of wave-energy conversion은 마치 mud처럼 react(반응)한다. Ocean waves가 carpet 위를 지나갈 때, carpet은 surface에 dynamic(역 동적)한 ripple(물결)과 undulation(파도)이 일도록 induce(유도)하는데, 이것이

electricity를 발생시키는 힘이 된다. Alam은 이때 발생하는 전기량이 carpet of wave-energy conversion을 통해 wind turbines(풍력 발전)로 얻을 수 있는 최대량보다 두 배 이상 많다고 추정하였다.

그러나 UK(영국) Swansea University(스완지대학)의 Dominic Reeve(도미닉 리브)에 따르면 CWEC는 매우 흥미로운 아이디어지만 설치 및 유지 비용, marine life(해양생물)에 미치는 impact(영향), tide(조수)가 미치는 impact 등 고려해야 할 문제가 많다고 한다. 그뿐 아니라 주변에 이동하는 sediment(침전물)가 있다면, sediment transport(침전물 수송)에도 affect(영향을 주다)할 것이라고 지적했다. 이에 대한 연구는 《Proceedings of the Royal Society A》에 실렸다.

6

Dynamic Earth
역동적인 지구

There is always something new out of Africa.
아프리카, 그곳에는 항상 무언가 새로운 것이 있다.

― **Pliny The Elder**(플리니)

basic concept

대륙의 이동의 근원
Mantle

지구는 atmosphere(대기권), hydrosphere(수권), lithosphere(암석권)와 interior(내권)로 이루어져 있다. Atmosphere는 earth surface(지표면)에서 약 1,000킬로미터 높이까지 존재하는 기체의 층이다. Hydrosphere는 바다, 강, 호수 등 earth surface의 약 70퍼센트를 차지하고 있는 물을 말한다. Lithosphere와 interior는 땅과 땅속을 가리킨다. 땅속은 매우 깊어서 우리가 직접 볼 수는 없고 seismic wave(지진파)를 통해 추정할 수만 있다. 20세기 초 Andrija Mohorovičić(안드리야 모호로비치치, 1857~1936)가 seismic wave로 지진 탐사를 하다가 crust(지각)와 mantle(맨틀)의 경계 면을 발견했다. 이때부터 지구 내부 구조에 관한 연구가 시작되었다.

한편 earth surface는 oceanic crust(해양지각)와 continental crust(대륙지각)로 나눌 수 있다. 두 crust는 구성 성분이 다르기 때문에 두께나 밀도에서도 큰 차이가 있다. Oceanic crust는 basaltic rock(현무암질 암석)이며 두께는 5~15킬로미터, 평균 밀도는 $3.0g/cm^3$이다. 반면에 continental crust는 granitic rock(화강암질 암석)이며 두께가 20~70킬로미터, 평균 밀도는 $2.7g/cm^3$이다. 따라서 대륙과 해양이 접한 곳에서는 밀도가 큰 oceanic crust가 continental crust 밑으로 하강하면서 trench(해구) 같은 topography(지형)가 생긴다.

Crust의 바로 밑에는 mantle이 있고 그 밑에는 core(핵)가 자리하고 있다. Core는 액체인 outer core(외핵)와 고체인 inner core(내핵)로 나눌 수 있다.

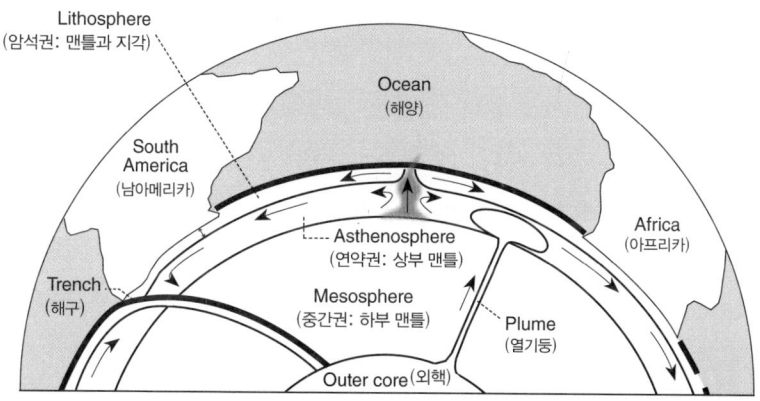

　　Mantle은 약 2,900킬로미터 땅속까지 자리해 있으며 이는 지구 부피의 82퍼센트나 차지한다. Mantle을 이루는 주요 암석은 olivine(감람석)인데 밀도는 약 3.4~5.7g/cm³, 온도는 상부 500~1,000°C, core와 mantle 경계의 온도는 3,000~5,000°C로 알려져 있다. Mantle은 convection currents(대류 운동)를 하는데, mantle 전체가 convection(대류)을 한다는 주장과 upper mantle(상부 맨틀)만 convection을 한다는 주장이 대립하다가 1990년대부터는 plume tectonics(플룸 구조론)가 주목을 받았다. Plume tectonics란 지구의 plate(판)들이 move(이동)하는 원인이 지구의 core와 mantle의 경계에서 erupt(분출)되는 plume(열기둥) 때문이라는 설이다. Plume tectonics로 인해 hot plume(고온의 맨틀)이 상승하고 저온의 cold plume(저온의 맨틀)은 하강한다는, 즉 전체 mantle이 convection을 한다는 학설이 인정을 받고 있다.

　　이러한 mantle convection은 earth surface의 모습을 변화시키는 여러 현상을 일으킨다. 첫째, 지구의 plate들이 힘을 받아 continent(대륙)가 move하게 된다. 둘째, 장시간에 걸쳐 fault(단층), fold(습곡) 같은 topography를 형성한다. 셋째, volcanism(화산 활동)이나 earthquake(지진)를 일으켜 topography가 변화한다. 넷째, Atlantic(대서양)처럼 처음에는 존재하지 않던

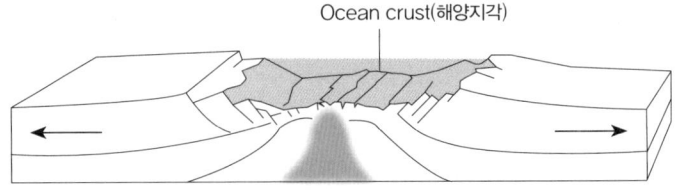
Ocean crust(해양지각)

바다가 생기기도 한다. 앞의 그림은 이 과정을 잘 보여준다. Mantle convection(맨틀 대류)으로 인해 crust의 plate가 끊어져 양옆으로 밀려나면서 plate 사이에 rift valley(열곡)가 생긴다. 그리고 끊어진 plate 사이에서 magma(마그마)가 erupt하게 되고, 시간이 흐를수록 rift valley의 길이는 길어지고 깊이도 깊어진다. 그러다가 그 위로 바닷물이 들어와서 바다가 생기는 것이다.

이렇게 육지가 바다로 변화한 모습을 직접 볼 수 있는 곳 중 하나가 Great African Rift(동아프리카 지구대)이다. Great African Rift는 State of Israel(이스라엘)과 Jordan(요르단)의 접경에 있는 Dead sea(사해)부터 시작되어 Red sea(홍해)를 지나 Republic of Mozambique(모잠비크)의 해안까지 이어진다.

Great African Rift는 세계 최대의 valley(골짜기)로, 과거 crust가 plate의 운동에 의해 opposite direction(반대 방향)으로 각각 당겨지면서 fissure(균열)가 생기고 이후 crust가 두 개로 갈라졌는데, 이때 일부 땅은 솟아올라서 Ethiopia highlands(에티오피아 고원)가 되었고 일부 땅은 내려앉아 Great African Rift가 만들어졌다고 한다.

이 rift valley는 평행한 normal fault(정단층) 사이에 놓여 있는 depression area(침강지대)로서 대칭적인 cross-section(횡단면)을 이루고 있다. Rift valley의 바닥은 주위 highland보다 약 1킬로미터 이상 낮다. Rift valley의 양쪽 벽은 fault 면으로 되어 있고, step fault(계단 단층)인 곳도 있다.

Step fault가 rift valley의 axis(축)를 따라 나타나는 경우도 있는데, Great Rift Valley와 달리 비대칭적인 단면을 갖는다. 그리고 lithosphere의 plate가 분리되면서 crust가 얇아진 곳을 통해 basaltic magma(현무암질 마그마)가 올라와 volcano로 erupt된다. Ethiopia(에티오피아)의 Erta ale(에트라 에일)을 비롯하여 Great African Rift의 동쪽에 있는 Ethiopia와 Kenya(케냐)에서는 volcano(화산)가 자주 erupt하고, 서쪽의 Democratic Republic of the Congo(콩고민주공화국)에서는 이따금씩 erupt된다. 그러나 서남쪽에 위치한 Lake Tanganyika(탕가니카 호), Nyasa(니아사 호)에서는 volcanism이 일어나지 않는다.

덧붙여, 근래에 coal(석탄)과 oil(석유)을 대체할 energy로 geothermy(지열)가 주목을 받으면서 특히 Great African Rift의 엄청난 양의 geothermal power(지열 에너지)를 개발할 예정이라고 한다. 전문가들에 의하면 Kenya 남쪽에 자리한 Republic of Mozambique에서 북쪽의 Djibouti(지부티)에서는 geothermal power를 약 4,000MW까지 끌어낼 수 있다고 한다.

현재 Kenya의 gross generation(발전 총량)은 1,000MW인데, 대부분을 water power(수력 에너지)에서 끌어다 쓰고 있으며 2015년까지 1,200MW의 geothermal power generation(지열 발전)을 추진하고 있다. GEF(지구환경기구)의 이사회는 1,800만 달러를 여기에 투자하기로 했으며, Germany(독일)와 대부분의 electricity(전력)를 geothermal energy와 water power에서 끌어다 쓰고 있는 Iceland(아이슬란드)가 이를 지원하고 있다. UNEP와 KenGen(Kenya 전력청)은 GEF에서는 약 100만 달러의 지원금을 Kenya에서 excavation(굴착) 기술을 시험하는 데 지원했다. Olkaria(올카리아)에 신규 geothermal power plant(지열 발전소)를 세웠으며, 지하에서 발생하는 260°C 이상의 steam(증기)을 make use of(활용)하여 70MW의 geothermal power를 generate(발생)시켰다. 이 사업이 확대된다면 발전업체, 전기를 소비하는 사람들은 수천만 달러에 달하는 비용을 절감할 수 있다.

reading earth science

열곡은 양옆에 두 개의 높은 블록이 있는 길쭉한 깊은 계곡이다. 열곡의 결과로 계곡의 길이는 수천 킬로미터가 될 수도 있다. 보통 열곡의 양옆에는 가파른 단층 사면들이 있다.

동아프리카의 열곡은 6,000킬로미터 이상 뻗어 있는 세계에서 가장 긴 지구대이다. 동아프리카 열곡은 지구 표면이 지질학적으로 거대하게 균열이 생긴 곳으로 길이는 약 4,000마일(6,400킬로미터)이고 평균 폭은 30~40마일(48~64킬로미터)이다. 그것은 남쪽으로 아시아 남서부의 요르단에서 동아프리카를 거쳐 모잠비크까지 미치고 있다. 동아프리카 열곡은 서서히 그리고 꾸준히 넓어지고 있다. 그 과정에서 그 지역에 많은 화산 분출과 지진이 일어난다.

열곡은 또한 외부 공간에서 보면 두 평행선을 이룬 단층으로(as a rift of two parallel lines) 보인다. 오늘날 동아프리카 열곡은 사람이 살 수 없는 사막, 비옥한 농토, 불모의 평야 및 가파른 급경사를 특징으로 하고 있다. 열곡은 또한 수백만 동물들의 근거지이며 세계에서 가장 유명한 동물 보호 구역과 금렵구를 주관하고 있다(케냐의 마사이 마라와 탄자니아의 세렝게티 국립공원).

동아프리카 지구대의 형성

동아프리카 열곡이 만들어지는 명확한 원리는 아직 알려지지 않고 있다. 열곡이 형성되는 방법에 대해서는 여러 가지 이론이 있다. 동아프리카 열곡을 설명하는 한 인기 있는 모델은 맨틀에서 상승된 열대류가 중부 케냐와 중북부 에티오피아의 아파르 지역에서 융기(bulges)를 일으킨다고 추정하고 있다.

이러한 융기들이 생기면서 이들이 늘어져 부서지기 쉬운 바깥 쪽 지각이 일련의 정단층(a series normal faults)으로 갈라지게 한다. 이 원리가 열곡의 전형적인 단층 산지와 지구 구조를 형성시킨다. 어느 한쪽이든 땅이 분출하

A rift valley is an elongated, deep valley with two high blocks at the sides. The resulting trough may be thousands of kilometers long. There are usually steep fault scarps at its sides.

The Great Rift Valley in East Africa is the longest rift valley in the world, stretching for over 6,000 km. The East African Rift System is an enormous geological split in the Earth's crust that measures about 4,000 miles(6,400 km) long and averages 30~40 miles(48~64 km) wide. It extends southward from Jordan in southwestern Asia, through eastern Africa to Mozambique. The East African Rift System is widening slowly and steadily, in the process causing many volcanic eruptions and earthquakes in the area.

The rift is also visible from outer space as a rift of two parallel lines. Today, the East African Rift System is characterized by uninhabitable desert, fertile farmland, flat arid plains, and steep escarpments. The Great Rift Valley is also the home to millions of animals and hosts the world's most renowned game parks and reserves(the Maasai Mara in Kenya and The Serengeti in Tanzania).

Formation of the East African Rift System

The exact mechanism by which the East African Rift System came to be is still unknown. There are different theories on how rift valleys are formed. A popular model explaining the East African Rift System assumes that there is an elevated heat flow

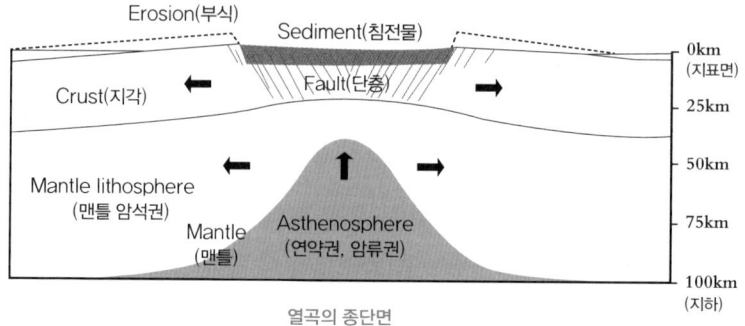

열곡의 종단면

여 거대한 화산을 일으켰고 열곡은 서서히 낮고 편평한 평야로 내려앉았다.

동아프리카 열곡은 두 지점으로 구성되어 있다. 동쪽 지점은 에티오피아와 케냐를 지나가고 서쪽 지점은 우간다에서 말라위에 이르는 거대한 활 모양을 형성한다. 동아프리카 열곡의 동쪽 지점은 건조한 데 반하여 서쪽 지점은 콩고의 열대 우림과 접해 있다. 서쪽 지점의 열곡은 니아사 호수(말라위 호수) 쪽으로 뻗어 있다.

깊이가 얕은 거대한 빅토리아 호수는 두 지점대 사이의 깊은 계곡에 위치해 있다. 니아사와 탕가니카 같은 열곡 호수들의 표고는 해발 수천 피트이지만 그들의 바닥은 깊은 깊이 때문에 해수면의 수백 피트 아래에 있다. 서쪽 지점은 또한 칼륨을 함유한 염기성 바위로 유명하다.

열곡의 동쪽 지점은 화산 활동과 지진 활동 면에서 서쪽 지점보다 훨씬 더 활발하다. 지각의 중앙 밑바닥에(in the middle and lower crustal depths) 마그마가 관입되어 동쪽 지점의 지각에서 화산 활동이 더 많다.

이 지역의 화산 활동 때문에 지질학자들은 처음에 동쪽 지점을 열곡의 기원으로 여기고 그것이 서쪽 지점보다 훨씬 더 오래된 것으로 추정했다. 그러나 최근의 연구들은 두 지점의 열곡 구간이 동시에 발달했다는 증거를 제시했다.

from the mantle, causing "bulges" in central Kenya and the Afar Region of north-central Ethiopia.

As these bulges form, they stretch and cause a break in the outer brittle crust into a series of normal faults. This mechanism forms the classic horst and graben structure of Rift Valley. The land on either side erupted creating great volcanic mountains, while the valley floor gradually sank into a low flat plain.

The East African Rift System is composed of two branches: the eastern branch that passes through Ethiopia and Kenya, and the western branch that forms a giant arc from Uganda to Malawi. The Eastern Branch of the East African Rift is arid, while the Western Branch lies on the border of the Congolese rainforest. The rift's western branch extends toward Lake Nysasa(Lake Malawi).

The shallow and vast Lake Victoria sits in a trough, between the two branches. Although the surface altitude of the rift valley lakes like Nyasa and Tanganyika is hundreds of feet above sea level, their floors are hundreds of feet below due to their great depths. The western branch is also noted for its abundance of potassic, alkaline rocks.

The eastern arm of the rift valley is much more active than the western branch, both volcanically and seismically. There is more volcanic activity in the crust of the eastern branch, with intrusions of magma in the middle and lower crustal depths.

Because of the volcanic activities in this area, geologists first considered the eastern branch the origin of the entire valley and assumed it was much older than the western branch. However, recent studies have provided evidence that the two rift segments developed simultaneously.

problem solving

문제 1 그림은 지구계를 구성하는 요소 간의 상호 작용을 나타낸 것이다. A~C에 해당하는 예로 옳은 것만을 보기에서 있는 대로 고르시오.

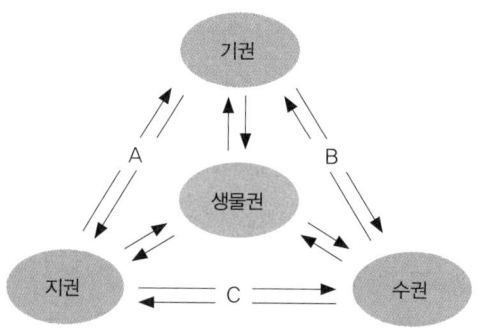

a. A: 해저 지진으로 인하여 쓰나미가 발생한다.
b. B: 수증기의 공급으로 태풍의 세력이 강해진다.
c. C: 석회암 지대를 흐르는 지하수가 석회 동굴을 만든다.

① a   ② c   ③ a, b   ④ b, c   ⑤ a, b, c

Example 1 The picture shows the interaction between constructing element of the earth system. Choose a number with all the letter(s) that are paired with right example.

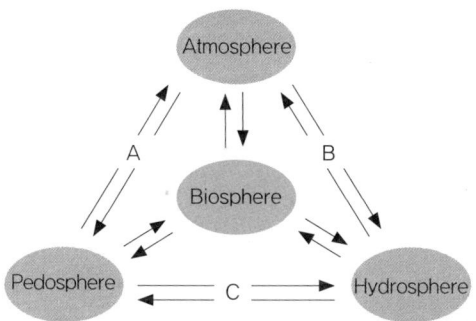

a. A: Tsunami is produced by submarine earthquake.
b. B: Power of a typhoon gets stronger by a supply of vapor.
c. C: Underground water flows in limestone area creates limestone cave.

① a ② c ③ a, b ④ b, c ⑤ a, b, c

문제2 맞으면 T 틀리면 F를 쓰시오.

a. 동아프리카 열곡은 맨틀 대류가 하강하는 곳에서 생긴다. (   )
b. 동아프리카 열곡은 두 지점으로 나누어져 있다. (   )

문제3 동아프리카 열곡의 두 지점의 지형적 특성을 간단하게 쓰시오.

➜ 해답 1. ④ 2. F, T 3. East: Ethiopia and Kenya, dry area, volcanism and earthquake, West: Uganda and Malawi, tropical rainforest, lakes region(동쪽: 에티오피아와 케냐, 건조 지역, 화산 활동과 지진, 서쪽: 우간다와 말라위, 열대 우림, 호수)

Example 2 If correct, write T or if wrong, write F.

a. The rift zone of East Africa occurs at a place where the mantle convection descends. (   )
b. The rift zone of East Africa is divided into two points. (   )

Example 3 Write briefly the topographic characteristics of two points in the rift zone.

rest in earth science

Fold(습곡)를 찾으면 petroleum(석유)을 찾을 수 있다

Fold(습곡)는 수평으로 sedimentary strata(퇴적암 지층)이 옆으로 힘을 받아서 bend(구부러지다)되거나 curve(곡선으로 휘다)된 geological structure(지질 구조)이다.

Fold는 fault(단층)와 함께 orogen(조산대)에 발달해 있으며 산업적으로 매우 중요하게 활용된다. Fold 중에서 특히 anticline(배사)라는 것이 있는데, stratum(지층)이 산봉우리처럼 위로 솟은 모양을 띤다. 바로 이곳에 petroleum(석유)이 매장되어 있는 경우가 많다. Petroleum은 수억 년에 걸쳐 바다나 호수 등의 sediment(퇴적물)가 diastrophism(지각 변동)으로 인해 땅 속으로 들어가고, 이후 earth pressure(지압)와 geothermy(지열)에 의해 hydrocarbon(탄화수소)으로 metamorphism(변성 작용)이 일어나고, 드디어 petroleum이 되어 anticline에 모인 것으로 추정된다.

그러므로 anticline은 petroleum과 같은 자원을 개발하거나 탐사할 때 매우 중요하게 활용되곤 한다. 우리나라에서도 petroleum을 찾기 위해 1970년대에 포항 앞바다를 집중 탐사했으며 지금도 동해안과 서해안에서 anticline을 찾기 위한 탐사 작업을 하고 있다.

Sea floor(해저)의 stratum에서 형성된 petroleum은 diastrophism이나 continental drift(대륙 이동)에 의해 바다에서 육지로 이동하여 oil field(유전 지대)가 된다. 중동 지역의 수많은 oil field도 대부분 이렇게 생성되었으며 지금도 sea floor의 stratum에는 발견되지 않은 petroleum이 잠자고 있다.

아주 작은 fold와 아주 큰 fold

Fold는 모양도 다양하고 규모도 다양하다. Fold로 형성된 거대한

mountain(산)이 있는가 하면 현미경을 통해서나 볼 수 있는 아주 작은 fold 도 있다. 이러한 규모 차이는 earth's crust(지각)의 위치와 관계가 있다. Crust 가 받는 stress(응력)나 hydrostatic pressure(정수압), pore pressure(공극압)의 크기가 크면 클수록, temperature-hydrothermal gradient(온도-열수 작용 변화 도)가 클수록 대규모의 fold를 형성할 확률이 높다.

Himalaya Mts.(히말라야 산맥), Alps Mts.(알프스 산맥) 등은 대규모의 fold이다. 특히 Himalaya는 Indian tectonic plate(인도 지각판)와 Eurasian plate(유라시아 판)가 충돌하는 지점에 있기에 현재도 남북에서 엄청난 힘을 받고 있어 crust가 계속 솟아오르며 mountain range(산맥)가 생성되고 있다.

우리나라의 fold는 Himalaya나 Alps에 비해 규모가 아주 작은데, 그 이유는 우리나라의 crust가 받은 stress가 Himalaya나 Alps에 비해 작기 때문이다. 대신에 곳곳에 sedimentary rock(퇴적암)이 넓게 분포하고 있는데 이것은 이 지역의 stratum이 geologic age(지질시대)를 거치며 크게 bend(휘다)하고 curve하고 slip(미끄러지다)하는 등의 diastrophism을 겪었기 때문이다.

Tokyo(도쿄)의 capable fault(활성 단층)

Fault는 earthquake 등의 diastrophism으로 인해 volume of rock(암석)이 planar fracture(평면으로 끊어진 상태)나 planar discontinuity(평면으로 어긋난 상태)를 말한다.

Fault가 생길 때 fracture(틈)에 의해 분리되는 면은 fault plane(단층면)이라 하고 fault plane가 earth's surface(지표면)와 만나는 선은 fault line(단층선)이라 한다. Fault는 fault line과 이를 따라 하천의 differential erosion(차별침식)으로 이뤄진 valley인 fault-line valley(단층선곡)와 함께 diastrophism과 block(지괴) 형성의 방향성을 보여준다. Fault의 방향성은 joint(절리)와 fold

의 방향성과 연관이 있으며 산지와 하천의 방향과 형태에 영향을 미친다.

최근에는 fault 중에서도 특히 active fault(활성단층)의 존재와 그 특성에 대한 연구가 활발한데, 이는 발전소, 댐 등을 세우고자 하는 지역의 안전성을 따지기 위한 것이다. Active fault는 지금으로부터 3만 5000년 전 이내 한 번 또는 50만 년 전 이내 두 번 활동이 있었던 fault로, 앞으로도 earthquake가 일어날 가능성이 있다.

Earthquake가 자주 일어나는 일본의 경우, 도쿄 도심에 big earthquake(대지진)를 일으킬 수 있는 active fault가 존재할 가능성이 높다는 기사가 《도쿄신문(東京新聞)》에 실리기도 했다. Expert(전문가)들은 도쿄 JR 이다바시 역의 북동쪽에서 남서쪽 방면으로 약 7킬로미터 구간에서 fault를 발견했다고 한다. 이것은 과거에 일어난 earthquake로 인해 stratum이 움직였음을 뜻한다. 전문가들은 과거 9만~25만 년 전 사이에 earthquake가 네 번 정도 일어났을 것으로 추정했다. Earthquake가 일어나면 재산 피해는 물론이고 인명 피해도 엄청날 수 있기에 이에 대비하기 위한 목적에서 active fault의 연구는 매우 중요하다 할 수 있겠다.

7

Earthquakes
지진

지진을 이겨낸 것 이상으로 더 전쟁을 이겨낼 순 없다.
— Jeannette Rankin(재닛 랭킨)

basic concept

지구 에너지의 방출
Earthquakes

Earthquake(지진)는 지구 내부에 store(축적)된 elastic strain energy(탄성 변형 에너지)가 순간적으로 release(방출)되어 earth's crust(지각)가 갈라지고 흔들리는 phenomenon(현상)이다. Earthquake는 fault(단층)를 따라 일어날 때가 많다. 지구 내부에서 force(힘)가 축적되면 fault의 양쪽 rock mass(암반, 암석)가 bend(휘다)한다. 이때 rock mass가 심하게 bend되면 snap(끊어지다)하면서 earth surface(지표면)가 흔들리기 때문에 earthquake가 발생하는 것이다. Earth's crust와 upper mantle(상부 맨틀)은 elasticity(탄성)가 있는 rock(암석)으로 이루어져 있다. 따라서 elasticity limit(탄성 한도) 이내에서

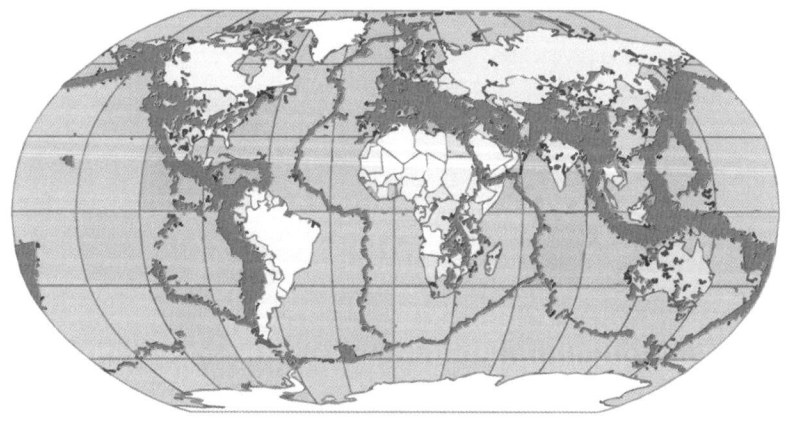

지진의 주요 진앙(1963~1998)

strain(압력)이 오면 earth's crust는 plate glass(판유리)처럼 어느 한도까지는 bend됐다가 force가 없어지면 원래대로 되돌아간다. 그러나 elasticity limit를 넘으면 rock은 끊어지고 이때 발생한 tremor(진동)가 전달되어 earth's crust가 흔들리게 되는데 이것이 바로 earthquake이다.

Earthquake 발생 시 rock의 파괴는 한 지점이 아니라 earthquake의 크기에 따라 수십에서 수백 킬로미터에 이르는데, 이 영역을 hypocenter region(진원역)이라 하고, rock mass의 파괴가 최초로 시작된 지점을 hypocenter(진원)라 한다. Hypocenter는 earth surface에서 70킬로미터 밑 지하에 있는 경우가 많으며 아주 깊이 있는 경우는 earth surface에서 700킬로미터 정도 떨어진 것도 있다.

한편 hypocenter에서 earth surface까지 수직으로 이은 지점을 epicenter(진앙)라 한다. Earthquake가 발생했을 때 가장 강한 tremor는 대부분 이 epicenter 근방에서 느낄 수 있다. Seismometer(지진계)를 이용하면 이러한 tremor를 기록하여 epicenter까지의 거리를 알아낼 수 있다.

Earthquake가 spread out(퍼져나가다)하는 속도는 rock의 종류에 따라 다른데 granite(화강암)처럼 단단한 rock에서는 초속 3킬로미터 정도로 매우 빠르다. 이러한 빠른 속도로 인해 earthquake는 3분에 560킬로미터 이상 널리 퍼져나간다. Fault를 따라 tremor가 spread out하면 fault의 양쪽 중 한쪽이 아래로 떨어질 때도 있고(정단층, normal fault) 위로 올라가거나(역단층, reverse fault) 수평 방향으로 어긋날 때도 있다(주향이동단층, stike-slip fault).

대부분의 earthquake는 continental drift(대륙 이동), seafloor spreading(해저 확장), mountain formation(산맥 형성)에 작용하는 지구 내 energy(에너지)에 의해 일어나며 volcanic activity(화산 활동)나 인간이 만든 explosives(폭발물) 등에 의해 일어나기도 한다.

Earthquake가 자주 발생하는 곳을 이으면 띠 모양이 되는데, 이를 earthquake belt(지진대)라고 한다. 주요 earthquake belt에는 Circum-Pacific seismic zone(환태평양 지진대), Alps-Himalaya seismic zone(알프스-히말라야 지진대), midoceanic ridge seismic zone(중앙해령 지진대)이 있으며, earthquake가 가장 활발하게 일어나는 곳은 Pacific Ocean(태평양) 주위를 둘러싼 Circum-Pacific seimic belt(환태평양 지진대)이다.

Plate tectonics(판 구조론)에 의하면 earth's crust는 지구의 외곽부로 두께가 80~100킬로미터인 단단한 plate 10여 개와 작은 plate 20여 개로 구성되어 있다. 각 plate는 earth's crust와 upper mantle로 이루어져 있다. Earth's crust와 upper mantle로 구성된 이 층을 lithosphere(암석권)라고 부른다. Plate는 부드럽고 뜨거운 asthenosphere(연약권) 위를 천천히 연속적으로 이동한다. Asthenosphere 위에서 이동하는 plate들은 서로 멀어지기도 하고 collide(충돌)하거나 slip(미끄러지다)할 때도 있다. Plate가 이동하면 plate 주위에 있던 rock mass의 모양이 변형되어 그 주위에 fault zone(단층대)이 만들어진다. Fault zone 중에서 rock mass가 서로 맞물린 구역은 plate가 움직여도 움직이지를 못한다. 그렇기 때문에 elastic strain energy가 내재되어 있다가 earthquake가 일어날 때 fracture(갈라지다)하면서 energy가 release된다. 대부분의 earthquake가 plate의 경계에 발달한 이

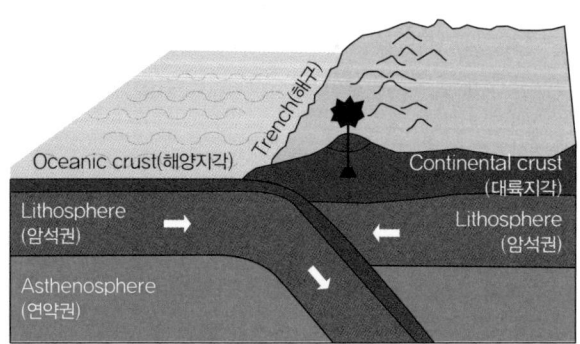

러한 fault zone에서 발생한다.

　Geophysicist(지구물리학자)인 Hugo Benioff(휴고 베니오프, 1899~1968)는 ocean trench(해구) 부근의 earthquake를 연구했는데, ocean trench를 따라서 shallow-focus earthquake(천발지진, 진원의 깊이가 70킬로미터 미만)가 발생하고, ocean trench 옆의 continent에서는 intermediate-focus earthquake(중발지진, 진원의 깊이가 70~300킬로미터)가 발생하며, 더 먼 지역에서는 deep-focus earthquake(심발지진, 진원의 깊이가 300킬로미터 이상)가 발생한다는 사실을 알아냈다. Ocean trench는 oceanic crust(해양지각)가 continental crust(대륙지각) 밑으로 들어가는 convergent boundary(수렴 경계)지역인데, 이때 plate와 plate가 부딪치면서 earthquake가 일어나며 이곳을 Benioff zone(베니오프대)이라 부른다. 일본은 shallow-focus earthquake가 일어나는 ocean trench 위에 있어서, 대규모의 earthquake가 자주 일어난다. 또 이것은 우리나라 동해까지 영향을 미쳐 때때로 tsunami(쓰나미)가 올라오곤 한다.

　Active volcano(활화산) 근처에서도 earthquake가 자주 일어난다. Magma(마그마)가 이동하거나 gas(가스)가 나올 때 earth's crust가 흔들리면서 earthquake가 일어나는데, 이러한 earthquake를 volcanic earthquake(화산지진)라고 한다. Mid-ocean ridges(대양저 산맥) 중심부에 V-shaped(V자 모양의)한 rift valley(열곡)가 있는데, 이곳에서 magma가 erupt(분출)되면서 earthquake가 자주 일어난다. 땅속의 큰 공간이 무너질 때는 collapse earthquake(함몰형 지진)가 발생한다. Nuclear test(핵폭탄 실험) 등으로 인공적인 explosives가 터질 때 일어나는 man-made earthquake(인공지진)도 있다.

reading earth science

지진은 지표면의 자연발생적인 흔들림과 진동이다. 지각은 판이라고 하는 여러 개의 큰 조각들로 구성되어(is made up of) 있다. 지진은 이 두 판이 갑자기 서로 미끄러져 움직일 때 생기는 것이다. 이 판들이 만나는 지역을 단층선이라고 한다. 판들이 단층선을 따라 이동하거나 미끄러져 움직일 때, 장력이 풀려 지진이 발생한다. 지진은 또한 화산 활동에 의해 일어날 수 있다.

화산 폭발이 가까워지면서(As eruption approaches), 흔히 증대되고 있는 지진 활동의 규칙적인 패턴이 소규모 지진들을 발생시킨다. 지진학자들은 규모와 강도를 이용해서 지진을 측정한다. 지진의 규모는 근원지(또는 진원)에서 방출되는 에너지의 양을 의미하고 무한 리히터 지진계로 측정한다. 강도는 다른 지역에서의 지진의 영향을 측정하거나 평가하는 방법이다. 그것은 지진이 인간, 건물, 사회 기간 시설 및 지질 구조에 미친, 보고된 영향에서 결정된다.

지진은 가장 끔찍한(among the deadiest) 자연 재해에 속한다. 지진이 인간들에게 직접적인 위험은 되지 않을지라도 많은 사망자 수를 기록하였다.

지진의 위험 요소

땅이 흔들리는 데 따른 영향은 지진의 첫 번째 주요 위험이다. 건물, 교각 및 다른 구조물들이 자체가 흔들리거나(either by the shaking itself) 함몰되면서(or by subsidence) 손상될 수 있다. 함몰은 건물들과 구조물들 아래에 있는 땅이 지진 발생 이전과는 다른 위치로 가라앉을 때 발생한다. 물건들이 선반, 천장 및 건물에서 떨어질 수 있고 사람이나 다른 동물 들이 다치기 쉽다. 땅의 흔들림은 산사태도 일으킬 수 있다. 산에서 미끄러져 내려오는 눈은 산 근처의 가옥들을 매장시킬 수 있다. 토양이 부서져 산에서 폭포처럼 떨어지면서 산사태와 진흙 사태를 일으킬 수 있다.

An earthquake is a naturally induced shaking and vibration of the Earth's surface. The Earth's crust is made up of several large pieces called plates. Earthquakes happen when these plates suddenly slip past one another. The area where these plates meet is called the fault line. When the plates move or slip along the fault line, tension is released and an earthquake occurs. Earthquakes can also be caused by volcanic activity.

As eruption approaches, the regular pattern of increasing seismic activity usually causes small earthquakes to occur. Seismologists measure an earthquake using Magnitude and Intensity. The Magnitude refers the amount of energy released at the source (or epicentre) and is measured by the open-ended Richter scale. Intensity is a way of measuring or rating the effects of an earthquake at different sites. It is determined from reported effects of the tremor on human beings, buildings, infrastructure and geological structures.

Earthquakes are among the deadliest of the natural catastrophes. Although an earthquake poses little direct danger to humans, a number of deaths have been recorded.

Earthquake hazards

The effect of ground shaking is the first main earthquake hazard. Buildings, bridges and other structures can be damaged by either by the shaking itself or by subsidence. Subsidence

지진의 또 다른 주요 위험은 땅이 다른 곳으로 옮겨진다는 것이다. 이것은 단층을 따라 땅이 이동할 때 발생한다. 건물이나 기념물 같은 구조물이 단층을 가로질러 위치해 있다면 지진은 건물을 심각하게 손상시킬 수 있다.

홍수 또한 위험이 될 수 있다. 지진은 제방, 심지어 댐도 손상시킬 수 있다. 하지만 오늘날 주된 우려는 쓰나미이다.

쓰나미는 해저에서 지진이 일으키는 거대한 파도이다. 이것은 높이가 10피트 이상 되고 해안 도시와 마을을 파괴할 수 있다. 쓰나미와 비슷한 세이시는 작은 쓰나미와도 같지만 이것은 지진에 의해서 흔들리는 호수에서 발생한다. 이들은 높이가 몇 피트밖에 안 되지만 세이시도 홍수를 일으키고 인근 지역에 영향을 미칠 수 있다.

화재 또한 지진의 위험 요소이다. 끊어진 전선과 심지어 기울어진 오븐 또는 석탄 난로가 화재를 일으킬 수 있다.

지진 대비와 안전 조치

기술의 발전에도 불구하고, 지진이 발생할 정확한 시점이나 지진이 일으킬 규모를 예측하는 것은 거의 불가능하다. 지진은 갑자기, 격렬하게 사전 경고 없이 발생한다.

사상자 수를 줄이는 최선의 방법은 대비를 하고 지진이 발생했을 때와 지진 이후의 안전 조치를 아는 것이다.

지진 중에(during) 일어나는 사망의 주요 원인 중 하나는 건물, 다리 및 기타 주요 구조물들이 붕괴될 때이다. 이것을 막기 위해(to help avoid this) 건축사들은 양질의 건축 자재를 사용해야 하고 지진에 견

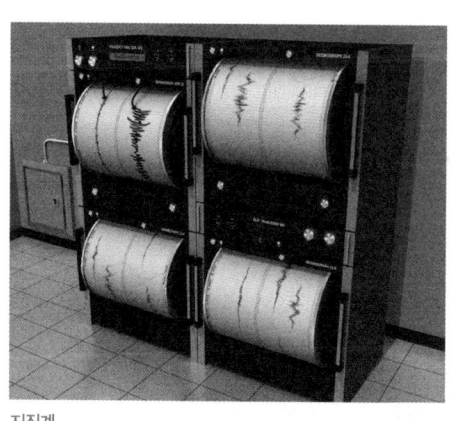

지진계

occurs when the ground beneath these buildings and structures settles at a different level than it was before the earthquake. Objects can fall from shelves, ceilings and buildings, and easily injure humans or other animals. Ground shaking can also cause avalanches. Snow sliding down a mountain can bury homes beside the mountain. Soil breaks apart and can cascade down a mountain causing landslides and mudslides.

Another main earthquake hazard is ground displacement. It happens when there is ground movement along the fault. If a structure, like a building or monument, is located across the fault, earthquakes can seriously damage the structure.

Flooding can also pose a hazard. Earthquakes can damage levees and even dams. But a major concern today is the tsunami.

A tsunami is a huge wave caused by an earthquake under the ocean. It can reach more than ten feet in height and can destroy coastal towns and villages. Similar to tsunamis, seiches are like small tsunamis but they occur in lakes that are shaken by earthquake. Although they can only reach a few feet high, seiches can still cause flooding and affect nearby areas.

Fires are also considered an earthquake hazard. Broken electrical lines and even tipped ovens or coal stoves can start fires.

Earthquake preparedness and safety measures

Despite the advancement of technology, it is almost impossible to predict the exact time an earthquake will occur or even the magnitude that the earthquake will bring. Earthquakes strike suddenly, violently and without warning.

딜 수 있도록 해야 한다. 기술자들과 건축가들은 건물의 붕괴 위험을 줄일 수 있는 최선책을 개발했다. 여러분이 지진에 견딜 수 있도록 설계되지 않은 곳에 거주하고 있다면 여러분이 거주하는 곳의 개조를 고려해보거나 지진으로부터 안전을 보장해줄 수 있는 다른 곳을 찾아보아야 한다.

안전 대책에 대한 의식은 집에서부터 시작된다

　대비 계획을 수립하라. 가족들은 지진 발생에 대비해 계획안과 해야 할 일을 알고 있어야 한다. 구급 상자, 기본적이고 휴대할 수 있는 비상 식품과 기타 물품들을 준비하라(Be prepared with). 여러분의 집 밖에 안전한 곳을 알아 놓도록 하라. 집 안에 공부용 테이블이나 가구를 준비하라. 가구를 재배치하여 안전한 장소가 되도록 하라. 가능하면 선반을 벽에 단단히 고정시키고 크고 깨지기 쉬운 물건들은 선반의 아래칸에 넣으라. 지진이 일어나면(during on earthquake) 정신을 똑바로 차려라. 지진 중 건물 안에 있을 때는 출입구에 서 있어라.
　집 밖으로 나가기가 쉽다면(go out of) 지진 발생 전에 여러분이 알아두었던

The best way to reduce casualties is by preparation and knowing the safety measures during and after an earthquake.

One of the major causes of deaths during an earthquake is when buildings, bridges and other major structures collapse. To help avoid this, builders must make sure that the building materials used are of good quality and would be able to withstand earthquakes. Engineers and architects have developed methods on how best to reduce the risk of collapsing buildings. If you are staying in a place that is not designed to withstand an earthquake, consider having your place renovated or look for another place that can assure safety from earthquakes.

Safety measure awareness starts at home

Formulate a preparedness plan. Each family member must be aware of the plan and the things to do if ever an earthquake occurs. Be prepared with a first aid kit, basic and portable emergency food and other items. Identify a safe place area outside your house. Prepare a study table or furniture inside your house. Rearrange furniture to ensure a safe place. Fasten shelves to the walls if possible and put large, breakable items on the lower levels of the shelf. Do not panic during an earthquake. When inside a building, stand in a doorway during an earthquake.

If it is easy for you to go out of the house, go out to the safe area which you had identified before the earthquake.

If you are far from the exits, do not attempt to run downstairs or go outside when the building is shaking. Take cover under a sturdy piece of furniture.

안전한 곳으로 나가라. 여러분이 출구에서 멀리 있다면(are far from) 건물이 흔들리고 있을 때 아래층으로 뛰어내려가거나 밖으로 나가려고 하지 마라. 견고한 가구 밑에 숨어라.

여러분이 옥외에 있다면 빌딩, 나무, 가로등, 전선에서 떨어진 안전한 곳을 찾아라. 땅 바닥에 엎드려 흔들림이 멈출 때까지 그곳에 있어라. 떨어지는 나무, 가로등과 전력선 또는 빌딩 잔해로 인해 부상을 입을 수도 있다.

여러분이 차 안에 있다면 무너질 수 있는 구조물이나 벽들이 없는 공터로 가라. 여러분이 교각에 있다면 그 자리를 떠나 안전한 공터로 가라. 흔들림이 멈추자마자 머리를 감싸고(while) 재빨리 건물에서 나와라(get out of). 가장 안전하고 쉬운 출구를 택하라. 여진으로 건물이 붕괴될 수도 있으니까 돌아가는 것을 피하라.

If you are outdoors, find a safe area away from buildings, trees, streetlights, and power lines. Drop to the ground and stay there until the shaking stops. Injuries can occur from falling trees, street-lights and power lines, or building debris.

If you are in a vehicle, stop and proceed to an open space where there are no structures or walls that could fall. If you are on a bridge, move away to safe & open ground. As soon as the shaking stops, get out of the building quickly while covering your head. Take the safest and easiest way out. Avoid going back as the aftershocks may collapse the building.

problem solving

문제1 지진의 원인 두 가지는?

문제2 빈칸에 맞는 답을 쓰시오.

> a. 지진이 일어났을 때 방출되는 총 에너지량을 나타내는 척도를 (   )라고 한다.
> b. 지진이 일어났을 때 다른 지역에 영향을 끼치는 (또는 피해를 끼치는) 정도를 (   )라고 한다.

문제3 빈칸에 맞으면 T, 틀리면 F를 쓰시오.

> a. 오늘날 지진 중에 가장 위험하고 우려되는 현상은 쓰나미이다. (   )
> b. 지진 발생 시 빨리 출입구로 나간다. (   )
> c. 지진 발생 시 집에 있다면 책상 밑에 있거나 머리를 보호한다. (   )
> d. 평소 지진 대비를 해서 구급상자나 여러 가지 물품을 준비해둔다. (   )
> e. 지진 대비를 해서 집안 가구는 높은 곳에 둔다. (   )

Example 1 What are the two causes of earthquake?

Example 2 Fill in the blanks with the right answers.

a. The scale representing the gross energy released when earthquakes occur is (   ).
b. What determines the degree of influence (or how destructive it is) by earthquake to other regions is (   ).

Example 3 Write T or F in the blank.

a. The most dangerous and worrying phenomenon of earthquakes today is tsunami. (   )
b. When an earthquake occurs, go quickly to the exit. (   )
c. When an earthquake occurs, if you're at home, be under the desk or protect your head. (   )
d. Always prepare for earthquakes and have first-aid kits or various supplies ready against earthquakes. (   )
e. As part of preparations for earthquake, put home furniture at a high place. (   )

문제4 그림은 여러 지점에서 관측한 어느 규모의 진도를 나타낸 것이다. 이에 대한 설명으로 옳은 것만을 보기에서 있는 대로 고르시오.

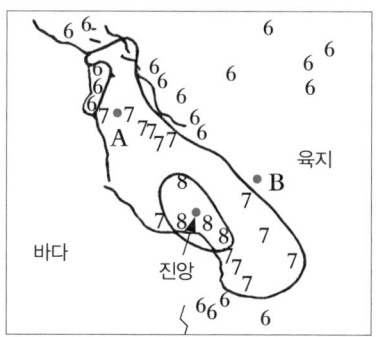

a. A지점은 B지점보다 지진에 취약하다.
b. 지진의 규모는 A지점보다 B지점에서 더 작다.
c. 지진파의 최대 진폭은 A지점보다 B지점에서 크다.

① a   ② b   ③ c   ④ a, b   ⑤ b, c

➡ 해답 1. movement of tectonic plates, volcanic activities (지각판의 이동, 화산 활동)
2. magnitude(규모), intensity(진도)   3. T, F, T, T, F   4. ①

Example 4 The picture shows magnitudes of an earthquake measured in various locations. Choose a number that has all correct explanations.

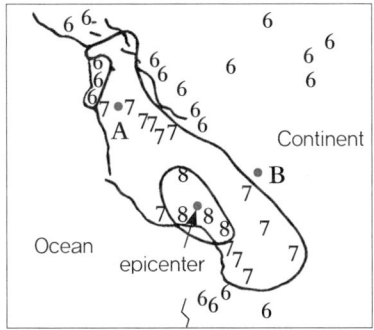

a. Spot A is more vulnerable to earthquake than spot B.
b. The size of an earthquake is smaller at spot B than spot A.
c. The maximum of amplitude of seismic wave is broader at spot B than spot A.

① a   ② b   ③ c   ④ a, b   ⑤ b, c

rest in earth science

2010년 Haiti(아이티)의 earthquake

　2010년 Haiti에 magnitude(규모) 7.0의 violent earthquake(강진)가 발생해 wreak a havoc on(굉장한 피해를 입히다)했다. Haiti의 피해는 눈뜨고 보기 힘들 정도로 참혹했다. Haiti에서 이렇게 earthquake의 피해가 컸던 직접적인 이유는 물론 earthquake 때문이었지만 political disturbance(정치 혼란)과 poverty(빈곤), environmental destruction(환경 파괴)도 한몫을 했다.

　사실 Haiti의 political situation(정치 상황)은 매우 volatile(불안정)하다. Haiti는 Spain(스페인)과 France(프랑스)의 식민 지배를 받다가 1804년 세계 최초의 흑인 공화국으로 독립했다. 그러나 자국 내 dictatorship(독재정치)과 강대국의 간섭으로 Central America(중앙아메리카)에서 가장 가난한 나라로 추락하고 말았다.

　오늘날에는 UN peace-keeping force(유엔평화유지군)가 public order(치안)를 맡고 있으나 자국 내 political disturbance가 여전한지라 disaster(재난)에 대한 countermeasure(대책)가 제대로 갖춰져 있을 리 만무하다.

　Disaster에 무력한 conventional(재래식의)한 건물이 많다는 것도 earthquake의 피해를 더 키웠다. Haiti는 국민의 70퍼센트 정도가 하루 2달러로 생활하고 있으며 산비탈에 지어진 shack(판잣집)에 거주하고 있다.

　산림 파괴로 인한 landslide(산사태) 또한 earthquake의 피해를 더 심각하게 했다. Haiti는 원주민 말로 '높은 산의 땅'이라는 뜻이다. 원래는 국토의 60퍼센트가 산악 지대였지만 무분별한 deforestation(산림 벌채)으로 현재는 2퍼센트의 산림만 남아 있다. 매년 hurricane(허리케인)이나 tropical cyclone(열대성 저기압)이 닥칠 때면 큰 flood(홍수)와 함께 soil erosion(토양 침식)을 겪는 것도 이 때문이다.

　Global warming(지구온난화)으로 세계 곳곳에서 climate change(기후 변화)

가 더 심각하게 진행되고 있다. 지구가 인간에게 counterattack(반격)을 시작한 것이다. Haiti의 disaster(재난)에서 교훈을 얻지 못한다면 수많은 목숨을 앗아간 man-made disaster(인재)가 우리에게도 언제 닥칠지 모를 일이다.

Theory of continental drift(대륙이동설)와 Wegener(베게너)

독일의 meteorologist(기상학자)이자 geophysicist인 Alfred Lothar Wegener (알프레드 로타어 베게너, 1880~1930)가 1910년 약혼녀에게 편지를 한 통 썼다.

"안녕, 내 사랑. 나는 오늘도 변함없는 사랑으로 당신에게 편지를 보내요. 오늘은 당신이 심심할 때 할 만한 즐거운 놀이를 알려줄게요. 준비물은 큰 지도 한 장만 필요해요. 지도를 준비했으면 지도를 접어서 continent의 boundaries(경계선들)를 맞춰보세요. Africa(아프리카)의 서해안과 South America(남아메리카)의 동해안이 fit together(꼭 들어맞다)하면 당신도 나처럼 놀랄 테죠? 이 두 continent는 마치 처음부터 붙어 있었듯이 잘 들어맞거든요."

Wegener의 이 편지에는 continental drift에 대한 그의 이론이 담겨 있다. 약혼녀는 이 편지를 재미있는 장난으로 생각했을 수도 있다. 그러나 이 편지에 담긴 continent가 move(이동)한다는 생각은 Nicolaus Copernicus(니콜라스 코페르니쿠스, 1473~1543)의 heliocentric theory(지동설)만큼이나 groundbreaking(획기적)한 발상이다. 또 earth science(지구과학)에서 가장 중요하다고 할 수 있는 plate tectonics(판 구조론)의 기본이 된 발상이다.

Wegener가 continental drift에 대해 이야기했을 때 그의 주장은 사람들에게 전혀 받아들여지지 않았다.

그런데 세계지도를 보고 의문을 품은 사람은 Wegener뿐만이 아니었다.

United Kingdom(영국)의 philosopher(철학자)인 Françis Bacon(프란시스 베이컨, 1561~1626)도 1620년에 벌써 이 두 continent의 shoreline(해안선)이 맞아떨어지는 것을 이상하게 생각했다.

그러나 대부분의 사람들은 coincidence(우연의 일치)라고 생각했을 뿐 어떤 의문도 품지 않았다.

반면에 Wegener는 이에 대해 끈질기게 생각했다. 서로 멀리 떨어져 있는 두 continent의 shoreline이 들어맞는다는 사실은 coincidence라고 치부하기에는 너무나 이상했다. Wegener는 Africa의 서해안과 South America의 동해안을 탐험하면서 두 continent의 stratum(지층)과 fossil(화석)을 조사했다. 두 continent의 shoreline은 모양만 들어맞는 것이 아니라, 거기서 발견되는 fossil의 종류나 stratum의 structure(구조)까지도 유사했다. Wegener는 이렇게 continental drift의 evidence(증거)를 하나하나 모아나갔고 그 결과, 오늘날에 여러 개로 쪼개져 있는 continent들이 아주 오래 전에는 하나였을지도 모른다는 생각에 이르렀다. 그는 이러한 자신의 견해를 담아 1915년《The Origin of Continent and Ocean(대륙과 해양의 기원)》이라는 책을 펴냈다.

Continent가 drift(이동)한다
—《The Origin of Continent and Ocean》

《The Origin of Continent and Ocean》의 내용을 살펴보면 다음과 같다. 수억 년 전, 지구는 Pangea(팡게아)라는 하나의 continent였는데 약 2억 5000만 년 전부터 Pangea가 separate(분리)되면서 오늘날과 같이 여러 continent들로 나누어졌다.

이에 대해 Wegener가 제시한 evidence는 모두 4가지였다. 첫 번째는 geomorphologic(지형학적)한 evidence로서, Africa의 서해안과 South America의 동해안은 shoreline을 비롯해 바닷속 continental shelf(대륙붕)의 모양까지 들어맞는다는 사실이다.

두 번째는 geological(지질학적)한 evidence로, 서로 수천 킬로미터나 떨어져 있는 두 continent에서 같은 structure의 stratum이 발견되었다는 것이다. Africa와 South America에서 동일한 Mesozoic(중생대)의 sedimentary layer(퇴적층)가 발견되었다. 또 North America의 Appalachia Mts.(애팔래치아 산맥)과 Scotland(스코틀랜드)의 Caledonia Mts.(칼레도니아 산맥)의 stratum의 structure가 이어져 있다.

세 번째는 climatic(기후학적)한 evidence로, temperate regions(온대지방) 또는 tropics(열대지방)에서 glacier(빙하)나 moraine(빙퇴석)이 있었던 흔적이 발견된다는 것이다. Ice age(빙하기) 때에는 이 지역이 얼음에 덮여 있었다면 가능한 이야기이지만, 연구 결과 사실이 아님이 밝혀졌다. 따라서 polar region(극지방)에 있었던 continent가 move했다고 생각된다.

네 번째 evidence는 fossil로, *glossopteris*(글로솝테리스)라는 식물의 fossil이 서로 멀리 떨어진 두 continent에서 모두 발견되었다는 것이다. 또 서로 멀리 떨어진 South Africa(남아프리카)와 Brazil(브라질)에서 *Mesosaurrus*(메조사우르스) 같은 fossil도 발견되었다. 이런 organism(생물)들이 그 당시에 바다 건너 멀리까지 헤엄쳐 갔다고 보기는 어렵다. 따라서 땅이 움직였기 때문에 가능한 일이라고 볼 수 있다.

Wegener의 이러한 주장은 신빙성이 있었으나, 이는 결과를 가지고 infer(추론)한 indirect(간접적)한 evidence일 뿐이었다. Stratum이 움직인다는 direct(직접적)한 evidence는 부족했다. Wegener는 continent가 move하고 있다는 evidence는 밝혔으나 continent가 move하는 원인에 대해서는 정확히 알아내지 못했다.

8

Volcanism
화산 활동

The real difficulty about volcanism is not to see how it can start, but how it can stop.
화산 활동에 대해 겪는 진짜 어려움은 어떻게 시작되는지 찾는 데 있지 않고 어떻게 막을지에 있다.
— Sir Harold Jeffreys (해롤드 제프리스 경)

🍎 basic concept

땅속 마그마의 분출
Volcanism

Volcano(화산)란 땅밑 깊은 곳에 있는 고온고압 상태의 magma(마그마)가 crust(지각)의 crack(틈)으로 erupt(분출)되어 이루어진 topography(지형)이다. Volcano들이 밀집되어 있고 volcanism(화산 활동)이 지속적으로 일어나는 지역을 volcanic zone(화산대)이라고 한다. 세계지도를 펴 놓고 volcano가 있는 곳을 표시해보면 volcanic zone은 좁다랗고 긴 띠 모양을 하고 있다는 것을 알 수 있다. Seismic belt(지진대) 역시 이와 유사한 띠 모양을 하고 있다. 둘 다 diastrophism(지각변동)이 발생하는 지역으로, continent(대륙)의 여러 plate(판)들의 boundary(경계)와 거의 일치한다.

Plate tectonics(판 구조론)에 따르면 crust는 여러 개의 plate로 쪼개져 있는

∴ 전 세계의 주요 활화산

데, typical(대표적)한 plate로 Europe(유럽)과 Asia(아시아)가 있는 Eurasian Plate(유라시아 판), African Plate(아프리카 판), Indo-Australian Plate(인도-오스트레일리아 판), Pacific Plate(태평양 판), American Plate(아메리카 판), Antarctic Plate(남극대륙 판), Philippines Plate(필리핀 판), Nazca Plate(나즈카 판), Cocos Plate(코코스 판), Arabian Plate(아라비아 판), Caribbean Plate(카리브 판), Juan de Fuca Plate(후안데푸카 판), Socotia Plate(스코티아 판) 등이 있다. 이러한 plate들은 mentle convection(멘틀 대류)으로 인해 pressure(압력)를 받게 된다. Plate와 plate가 서로 이동하고 충돌하면서 강한 pressure가 생겨나고 이와 함께 earthquake나 volcanism이 일어난다. Earthquake가 자주 발생해 심각한 피해를 입고 있는 Japan(일본)의 경우 Eurasian Plate와 Pacific Plate, Philippines Plate가 충돌하는 곳에 위치하고 있다.

Plate와 plate가 충돌할 때 생기는 pressure가 earth surface(지표면)를 흔드는 것이 earthquake라면, 지하의 magma가 약한 earth surface를 뚫고 erupt하는 것이 volcano이다. Volcanism이 일어나는 지역에는 hot spring(온천)이 생겨서 관광지가 되기도 한다. 그러나 volcano가 explode(폭발)할 때는 큰 피해를 입는다.

- **Krakatau**(크라카타우 섬)과 **volcanic ash**(화산재)
  1883년 Indonesia(인도네시아)의 Krakatau(크라카타우 섬)에 volcanic eruption(화산 분출)이 일어났다. 이때 일어난 explosion(폭발)으로 섬은 조각이 났고 그 소리는 섬에서 약 4,000킬로미터나 떨어져 있는 Australia(오스트레일리아)의 Alice Springs Desert Park(앨리스 스프링스 사막 공원)에까지 들릴 정도로 컸다. Volcanic eruption으로 먼지와 가스가 하늘 높이 솟아 기둥을 이루었다. Volcanic

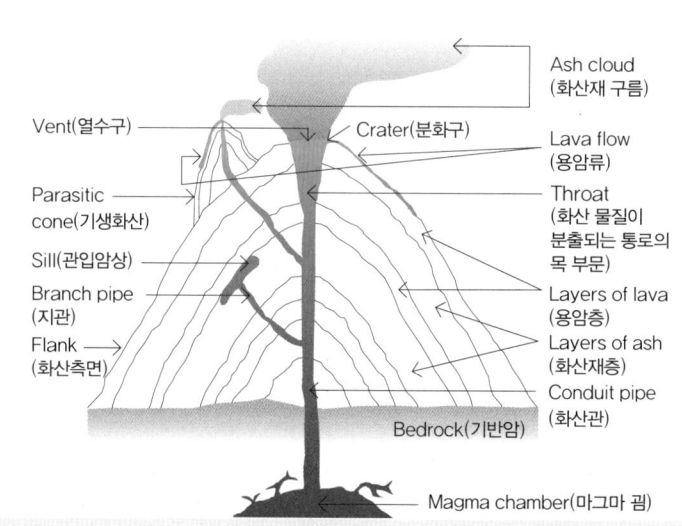

화산의 구조

　eruption이 일어난 뒤 그 pumice(부석)가 India Ocean(인도양)을 수개월간 float around(떠다니다)해서 지나가는 배들에게 피해를 입혔다. 이 pumice는 Krakatau에서 7,000킬로미터나 떨어진 Madagascar(마다가스카르)의 해안까지 떠밀려 갔다.

　한편 이때의 volcanic ash가 stratosphere(성층권)로 들어감으로써 지구의 mean temperature(평균 온도)가 0.5°C 정도 내려갔다. Temperature가 원래대로 돌아오는 데 자그마치 5년이 걸렸다. Ejecta volcanoes(화산 분출물) 하면 보통은 액체 상태의 magma를 떠올리겠지만 volcanic ash를 비롯한 volcanic sand(화산 모래), volcanic dust(화산진), lapilli(화산력), volcanic block(화산암괴) 같은 pyroclastic material(화산 쇄설물)과 기체 상태인 volcanic gas(화산가스), water vapor(수증기) 등이 어마어마하게 gush out(분출)된다. 최대의 폭발 시기에 erupt한 volcanic ash 중에서 미세한 grain(알갱이)들은 10킬로미터의 stratosphere까지 rise(올라가다)해서 jet stream(제트기류)을 탄다.

　이렇게 되면 수십만 제곱킬로미터나 되는 지역까지 volcanic ash가 퍼져나가서

한낮에도 전깃불을 켜야 될 정도로 하늘이 어두컴컴해진다. Volcanic ash는 지상으로 빨리 내려가지 않고 atmosphere(대기) 중에서 sun's rays(태양광)를 block(차단)해서 abnormal weather(기상 이변)와 climate change(기후 변화)를 유발한다. 높은 상공으로 rise한 particle(입자)은 햇빛에 있는 특정한 wave-length(파장)의 빛은 disperse(흩어지다)하게 하고 다른 어떤 wavelength는 penetrate(통과)시켜 달과 태양의 빛깔을 평소와 다른 색으로 보이게 한다. 그래서 아주 색다른 sunset(해넘이)과 sunrise(해돋이) 풍광을 볼 수 있다.

또 장시간 동안 volcanic ash가 temperature를 낮게 함으로써 어떤 organism(생물)의 mass extinction(대량 멸종)이 일어날 수도 있다. 심지어 ice age(빙하기)를 bring about(가져오다)할 수도 있다. Volcanic eruption이 일어날 때 동시에 생기는 earthquake와 tsunami(쓰나미)로 몇만 명의 casualties(인명 피해)를 입을 수 있다. 또 바다 밑에 volcanic ash가 수북하게 pile up(쌓이다)돼 선박이 오갈 수 없게 되기도 한다. 그뿐 아니다. 대규모의 volcanoes eruption이 발생한 그해 겨울에는 El Niño(엘니뇨)가 생길 가능성이 두 배로 증가한다.

reading earth science

    화산은 벌어진 틈이나 분화구를 통해 지구 내부의 기체성 액체나 고체가 분출하여 만들어진 지형이다. 우리가 화산을 연상하는 산처럼 생긴 언덕은 화산이 폭발했을 때 모였다가 굳어진 물질의 잔해이다.
 지구는 세 층—지각, 맨틀 그리고 핵으로 구성되어 있다. 지구의 표면인 지각은 물, 토양, 암석으로 구성되어 있다. 맨틀은 지구의 가장 두꺼운 층이다. 그것은 마그마라고 불리는 두꺼운 용융된 층으로 구성되어 있다. 중심핵은 바깥 액체층과 내부의 고체로 구성되어 있다.
 지각은 여러 개의 떠서 움직이는 단단한 암석 판들을 갖고 있다. 지구의 핵이 열에너지에 의해 생긴(cause by heat energy) 흐름을 가지고(by makg currents) 압력을 만들었을 때 단단한 판들이 움직인다. 그 압력이 세졌을 때 판들은 마주한 방향으로 또는 반대 방향으로 수평 이동한다.
 두 판의 충돌이 지각의 충돌을 일으킨다. 이 충돌로 야기된 압력이 기반암(underlying rocks)을 녹게 하고 마그마를 상승시키게 된다.
 마그마에는 가스와 용융된 암석이 들어 있다. 마그마는 불투명하고 불쏘시개 형태로 마그마의 압력을 갖고 다른 지역들로 흐르게 된다. 지각의 균열로 화산 분출이 일어난다.
 또 마그마가 마그마 굄들을 채울 때 분출이 일어날 가능성이 높다. 마그마가 지표로 분출할 때, 그것을 용암이라고 한다. 용암은 두껍고 서서히 움직이거나 얇고 빠르게 움직이기도 한다.

화산의 유형

 지질학자들은 화산의 구조와 활동에 따라 화산을 분류했다. 이들의 구조에 따라 네 종류의 화산으로 분류된다. 이들은 틈 분출 화산(fissure volcanoes), 분석구 화산(cinder cone volcanoes), 복합 화산(composite volcanoes), 순상 화

A volcano is a land formation with an opening or vent from which gaseous liquid or solid materials from the earth's interior are ejected. The mountain—like mounds that we associate with volcanoes are the remains of the collected and hardened materials spewed during eruptions.

The Earth is made up of three layers—the crust, the mantle and the core. The crust is Earth's surface is composed of water, soil and rocks. The mantle is the thickest layer of the Earth. It is composed of a thick layer of molten (or melted) rock called magma. The core is made up of an outer liquid layer and a solid center.

The Earth's crust has many floating rigid plates. When the earth's core creates pressure by making currents caused by heat energy, the rigid plates move. As the pressure becomes intense, the plates either move towards each other or away from each other horizontally.

The collision of two plates causes friction in the earth's crust. Pressure caused by this friction will cause the underlying rocks to melt and make the magma rise.

Magma contains gases as well as melted rock. Since magma is denser and lighter in form, magma will flow to areas that have less pressure. When cracks are found in the crust, an eruption occurs.

Also, when the magma fills the magma chambers, it is most likely to come up and cause an eruption. When magma erupts through the Earth's surface it is called lava. Lava can be thick and slow—moving or thin and fast—moving.

산(shield volcanoes)이다.

틈 분출 화산은 중앙 분화구를 갖고 있지 않다. 대신에 이러한 화산들은 땅이 균열되어 방대한 양의 용암을 방출하는 거대한 균열을 갖고 있다. 용암은 거대한 웅덩이를 덮은 형태로 그리고 표면은 용암이 식을 때 편평한 상태로 남아 있게 된다.

분석구 화산들은 꼭대기에 사발 모양의 분화구를 갖고 있다. 이들은 높이가 1,000피트 정도까지 커진다. 분석구 화산들은 단 한 개의 틈에서 방출되는 용암덩이에서 만들어진다. 멕시코의 파리쿠틴 산과 오리건 주 크레이터 호 중앙에 있는 화산이 두 개의 유명한 분석구 화산들이다.

복합 화산은 성층 화산으로도 알려져 있다. 이 화산들은 높고 대칭형 모양이며 가파른 면을 갖고 있고 때로 1만 피트 높이까지 상승할 수 있다. 이들은 화산재 층 용암 및 화산 쇄설물들로 만들어져 있다. 세계에서 가장 눈에 띄고 아름다운 산들 중에는 복합 화산들이 있는데 여기에는 일본의 후지 산, 에콰도르의 코토팍시 산 그리고 필리핀의 마욘 산이 포함된다.

순상 화산들은 수많은 유동성 용암의 유출로 만들어지고 매우 거대하게 커질 수 있다. 이들은 크고 넓으며 편평하고 둥근 형태이다. 이들은 완만한 경사를 보이고 있고 항상 산 정상에는 커다란 분화구가 있다. 하와이에 있는 순상 화산인 마우나로아 산은 세계에서 가장 큰 활화산이다. 이 산은 해저 위로 3만 피트 이상 올라와 있고 아래 부분의 지름은 거의 100마일에 이른다.

화산은 또한 그들의 활동에 따라 분류된다. 화산은 활화산, 휴화산 또는 사화산일 수 있다. 활화산의 정확한 정의에 대해 합의가 이루어지지 않았지만, 일반적으로 과학자들은 그것이 현재 분출하고 있거나 지진, 융기 또는 새로운 가스 방출을 통해 불안 징후를 보이면 활화산으로 간주한다.

분출하는 것이 보이지 않았으나 최근의 활동 징후를 보이는 것이 휴화산이다. 이들은 흔히 수면 중인 거인들이라고 불린다. 하와이의 큰 섬에 위치한 다섯 개의 화산들 중에서 가장 높은 산인 마우나케아 산은 기원전 2460년경에 분출했고 휴화산으로 간주된다. 화산이 활동하고 있다는 신호를 보이지 않고 장기간 풍화와 침식 징후를 보이면 그것은 잠정적으로 사화산으로 분류된다.

Types of volcanoes

Geologists have grouped volcanoes according to their structure and activity. There are four kinds of volcanoes, grouped according to their structure. These are fissure volcanoes, cinder cone volcanoes, composite volcanoes and shield volcanoes.

Fissure volcanoes do not have a central crater. Instead, these volcanoes have giant cracks which open in the ground and expel vast quantities of lava. The lava forms a huge pool that covers the ground and the surface remains flat when the lava cools down.

Cinder cone volcanoes have a bowl shaped crater at the peak. They only grow to about a thousand feet in height. Cinder cone volcanoes are created from blobs of lava that are expelled from a single opening. Paricutin in Mexico and the volcano located in the middle of Crater Lake in Oregon are two famous cinder cone volcanoes.

Composite volcanoes are also known as strato volcanoes. These volcanoes are tall, symmetrically shaped and steep sided and can sometimes rise to as much as 10,000 feet high. They are built from layers of ash, lava and volcanic debris. Some of the most noticeable and beautiful mountains in the world are composite volcanoes, including Mount Fuji in Japan, Mount Cotopaxi in Ecuador and Mount Mayon in the Philippines.

Shield volcanoes build up from countless outflows of fluid lava and can grow very big. They are tall and broad with flat, rounded shapes. They have low slopes and almost always have large craters at their summits. Mauna Loa, a shield volcano located in Hawaii, is the world's largest active volcano. It rises over 30,000 feet above the ocean floor and reaches almost 100 miles across at its base.

조이더발 화산은 네덜란드의 사화산으로서 쥐라기 후반 동안에만 분출했던 것으로 추정된다. 그것은 지금 2,000미터의 퇴적암으로 덮여 있다.

과학자들은 계속해서 화산 폭발을 정확하게 예측하는 방법들을 찾고 있다. 화산에서 마그마가 상승할 때 많은 작은 지진은 화산 폭발이 임박해 있음을 알리는 명확한 증거라는 것이 증명되었다. 화산학자들은 정확한 예측을 위해 화산의 매우 중요한 징후들을 주의 깊게 관찰하고 있다.

각각의 화산은 독특하며 한 화산에서 분출 조짐을 보이는 사건들의 패턴이 다른 경우에 적용되지 않을 수도 있다. 화산학자들은 지진계 같은 지진을 탐지하고 기록하는 기구들(instruments that detect and record earthquakes)을 포함해 다른 종류의 기구들을 사용한다. 경사계는 땅이 올라가는 것의 변화를 측정함으로써 마그마의 상승이나 하강 정도를 발견하기 위해 레이저 광선을 사용하는 센서이다. 중력계는 상승하는 마그마의 단계와 흐르는 마그마를 탐지할 수 있다.

Volcanoes are also classified according to their activity. A volcano can be active, dormant or extinct. Although there is no consensus on the exact definition of an active volcano, Scientists generally consider a volcano active if it is currently erupting, or exhibiting signs of unrest through earthquakes, uplift or new gas emissions.

A dormant volcano is one that has not been seen to erupt, but shows evidence of recent activity. They are usually called Sleeping Giants. Mauna Kea, the tallest of the five volcanoes located on the Big Island of Hawaii, last erupted around 2460 BC and is considered to be a dormant volcano. If a volcano does not exhibit signs of life and shows evidence of long term weather and erosion, it is tentatively identified as an extinct volcano. The Zuidwal volcano is an extinct volcano in the Netherlands, which has been estimated to have erupted during the late Jurassic period. It is now covered with 2,000 meters of sedimentary rock.

Researchers continue to look for methods to accurately predict volcanic eruptions. It has been proven that an abundance of small earthquakes as magma rises in the volcano is clear evidence that an eruption is imminent. Volcanologists carefully monitor a volcano's vital signs in order to produce an accurate prediction.

Each volcano is unique and the pattern of events that signifies an eruption at one volcano may not be applicable to another. Volcanologists use different kinds of tools including instruments that detect and record earthquakes such as the seismograph. A tiltmeter is a sensor that uses a laser beam to find the rising or lowering of magma levels by measuring changes in ground elevation. Gravimeters can detect rising magma levels and flowing magmas.

problem solving

문제1 표는 용암 A, B의 성질을 비교하여 나타낸 것이다. 이에 대한 설명으로 옳은 것만을 보기에서 있는 대로 고르시오.

용암	A	B
SiO_2	70%	50%
점성	높다	낮다
휘발성 기체	많다	적다

a. 용암의 온도는 A가 B보다 높다.
b. 화산 활동은 A가 B보다 격렬하게 일어난다.
c. 생성되는 화산체의 높이/밑면적, 값은 A가 B보다 크다.

① a   ② c   ③ a, b   ④ b, c   ⑤ a, b, c

Example 1 The diagram shows different nature of A and B. Choose a number that has all correct explanations.

Magma	A	B
SiO_2	70%	50%
viscosity	high	low
volatile gas	a lot	a little

a. The temperature of magma is higher in A than B.
b. Volcanic activity is more intence in A than B.
c. The value of the hight and the bottom dimension of forming volcanic edifice are higher in A than B.

① a ② c ③ a, b ④ b, c ⑤ a, b, c

문제2 다음 그림은 판의 경계를 모식적으로 나타낸 것이다. A~D 지역의 특징을 설명한 것으로 옳지 않은 것은?

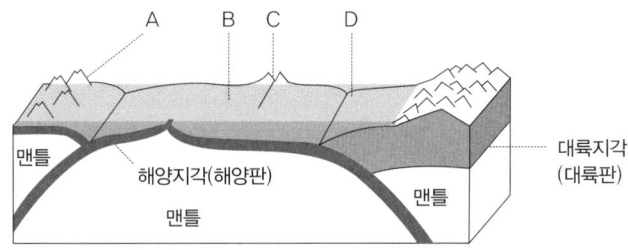

① A의 호상 열도는 해구와 나란하게 발달한다.
② B에서는 판이 생성되거나 소멸되지 않는다.
③ B와 C에서는 심발 지진이 발생한다.
④ C는 습곡 작용에 의해 형성된 산맥이다.
⑤ D 아래에서는 맨틀 대류가 하강한다.

➡해답 1. ④ 2. ④

Example 2 The picture shows a mimetic diagram of the boarders of plates. Which is the wrong explanation about the characteristics of area A to D?

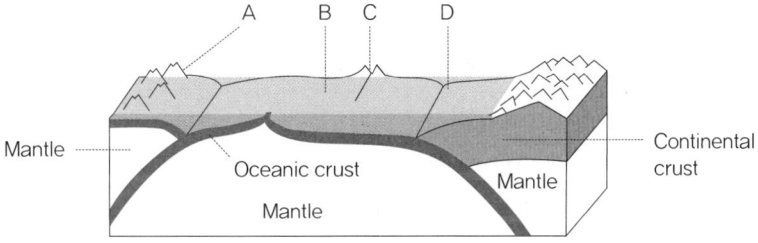

① Island arcs of A develop parallel to oceanic trenchs.
② A plate does not get created nor destroyed at B.
③ Deep earthquakes occur at B and C.
④ C is a mountain range created by folding action.
⑤ Mantle convection sink under D.

rest in earth science

백두산에 대한 volcanic eruption 시나리오

  그동안 잠자고 있던 백두산이 최근 volcanic activity(화산 활동)를 재개하면서 explosion의 가능성이 의심되고 있다. 그러자 weather center(기상청)는 volcanic eruption에 대한 scenario(시나리오)를 마련해 백두산이 erupt했을 때 예상되는 disaster(재해)의 종류, volcanic ash의 확산 경로와 영향 등을 제시했다.

  10세기에 일어난 백두산의 volcanic eruption에 대한 연구 결과를 바탕으로 한 이 가상의 scenario에 따르면, 백두산이 1000년 전 규모로 다시 erupt했을 때 lava flow(용암류)가 반경 최대 15킬로미터까지 흐르고 pyroclastic debris flow(화산 쇄설류)는 반경 60킬로미터, debris flow(암설류)는 반경 100킬로미터 정도까지 퍼져나가 엄청난 피해를 입게 된다. 가장 큰 피해를 입을 나라는 North Korea(북한)와 China(중국)로 보인다. South Korea(남한) 역시 volcanic ash가 날아와 간접적으로 영향을 받는다. 공기 중에 fine dust(미세 먼지)의 concentration(농도)이 높아지고 항공기가 결항될 가능성이 있다. 물론 정확한 volcanic ash의 확산 경로와 volcanic ash의 concentration에 대해서는 좀 더 정확하고 심층적인 연구가 필요하다.

  Weather center는 국내외에서 일어날 수 있는 volcanic eruption에 대응하기 위해 comprehensive plan(종합 대책)을 마련하고, 2011년에 백두산에 대한 volcanic eruption의 scenario를 수립했다. 또 국내외 volcanic activity에 신속히 대응하기 위해 China, Japan 등 인근 국가들과 협력해 다양한 자료와 volcanic ash의 확산을 predict(예측)할 수 있는 기술을 교류하고 있다.

우리나라의 주요한 volcanic landform(화산 지형)

우리나라에도 volcanic landform이 분포한다. 우리나라의 volcanic landform은 Cenozoic era(신생대) 제3기 말에서 제4기 초에 일어난 volcanic activity에 의한 것이다.

● 백두산(2,744m)은 altitude above sea level(해발고도) 1,000미터까지는 gentle slope(완만한 경사)를 보이지만 1,800미터보다 더 높은 곳은 steep slope(급경사)를 보인다. 즉 넓게 펼쳐져 있는 basalt(현무암)의 lava plateau(용암대지) 위 foot of a mountain(산기슭)에는 gentle slope를 보이는 방패 모양의 aspite(순상 화산)가 만들어지고, summit(산 정상)에는 steep slope를 보이는 종 모양의 tholoid(종상 화산)가 더해진 composite volcano(복합 화산)이다.

백두산의 천지는 crater(화구)가 함몰되어 만들어진 caldera(칼데라 호)이며, 천지를 둘러싼 주변은 somma(외륜산)에 해당한다.

백두산 valley(골짜기)에는 glacier(빙하)의 erosion(침식)에 의해 만들어진 Kar(권곡, 카르)가 있는데, 이것은 과거에 우리나라가 glacier의 영향을 받았다는 evidence(증거)이다.

● Lava plateau(용암대지)는 earth's surface의 crack으로 다량의 basaltic magma(현무암질 용암)가 유출되어 형성된 flat(평탄)한 대지를 말한다. 우리나라에서는 개마고원, 신계에서부터 곡산, 철원에서부터 평강 지역에 분포하는 lava plateau가 있다.

철원-평강의 lava plateau는 Cenozoic era 제4기에 lava(용암)가 임진강의 tributary(지류)인 한탄강의 river valley(하곡)를 메우며 남서쪽으로 철원과 전곡까지 흘러내려 형성되었다. 길이는 180킬로미터에 달하며 river valley가 넓어진 철원에서 lava plateau가 평야가 되었다. 이 때문에 철원 평야의 하천에는 columnar joint(주상절리)로 slope(경사)가 비탈진 scarp(벼랑)가 많다.

- 울릉도(984m)는 volcanic island(화산섬)로, Cenozoic era 제3기에서 제4기 초에 걸쳐 형성되었다. 울릉도 주변 해역에는 warm current(난류)가 흘러 온화한 oceanic climate(해양성 기후)를 보이며 계절에 따른 distribution of precipitation(강수 분포)을 띤다. 울릉도의 mean annual precipitation(연평균 강수량)은 1,236mm, average temperature for the year(연평균 기온)는 12.3°C, 가장 더운 달인 8월 mean temperature는 23.4°C, 가장 추운 달의 mean temperature는 1.3°C이다.

울릉도는 동해에서 일어난 volcanic eruption으로 인해 shoot up(솟아오르다)한 volcanic landform이다. 섬의 3분의 2 이상은 sea surface(해수면) 아래에 submerge(잠기다)해 있다.

울릉도는 steep slope를 이루는 tholoid로, trachyte(조면암), andesite(안산암) 등으로 이루어져 있다. 섬의 중앙부에는 crater가 sink(가라앉다)해 생긴 caldera가 넓은 basin(분지)을 이루고 있다. 이 basin에는 또 다른 lava가 erupt하면서 만들어진 volcanic cone(화구)이 있다. 이렇게 volcano의 crater 위로 또 하나의 volcano가 있는 것을 double volcano(이중 화산)라고 한다.

- 독도는 동해상의 ocean floor(해저)에서 erupt한 volcanic island이다. Cenozoic era 제3기 전기부터 후기 사이에 만들어졌다. Geological structure(지질 구조)가 울릉도와 유사하며 울릉도보다 약 200만 년 전에 형성된 것으로 보인다. 독도의 윗부분은 trachyte과 tufa(응회암), 아랫부분은 basalt로 이뤄져 있다.

독도는 두 개의 큰 섬인 동도와 서도 그리고 89개의 바위섬과 rock(암초)으로 구성되어 있다.

● 제주도는 세계적인 volcanic landform이며, 제주도의 한라산, 성산 일출봉, 거문오름 용암동굴 지역은 유네스코 세계유산 목록에 등재되었다. 특히 아름답기로 유명한 한라산은 전체적으로는 slope가 완만한 aspite이지만 산 정상부는 tholoide의 형태를 띠고 있다. 점성을 지닌 trachyte는 dome(돔) 모양으로 솟아올라 있어 더 아름다운 모양이 되었다. 오늘날 이렇게 아름다운 모습이 된 것은 volcanic eruption이 처음에는 넓은 범위에서 erupt했는 데 반해 나중에는 백록담을 crater로 한 erupt이었기 때문이다.

백록(白鹿, 흰 사슴)으로 담근 술을 선인들이 마셨다는 전설을 지닌 백록담은 한라산 꼭대기에 있는 crater lake(화구호)이다. Cenozoic era 제3기에서 제4기 사이에 일어난 volcanic eruption으로 crater에 물이 고여서 형성되었다. 그러나 백록담의 담수 능력이 점점 떨어져서 물이 가득 찬 풍경은 좀처럼 보기 힘들다. 한라산 정상을 중심으로 사방으로 하천이 흐르는데 water permeability(투수성)가 큰 basalt의 bed rock(기반암) 위로 흐르면서 지하로 seep into(스며들다)해 groundwater(지하수)가 된다. 이 때문에 평상시에는 물이 흐르지 않는 dry stream(건천)이 된다. Groundwater는 해안 근처에서 해수에 밀려서 spring water(샘물)처럼 지상으로 솟아오르는데, 이것을 spring(용천)이라고 한다. 옛날부터 제주도의 마을은 이러한 용수를 쉽게 구할 수 있는 해안지대를 중심으로 발달했다.

한편 제주도 곳곳에는 lava tube(용암동굴)가 흩어져 있는데, 대표적인 것으로 만장굴, 금녕굴, 협재굴 등이 있다. Lava tube는 pahoehoe(파호이호이 용암)가 먼 곳까지 흘러내리는 중에 냉각되는 속도 차로 인해 생겼다. Lava tube는 제주도의 중요한 관광 자원으로 해마다 많은 관광객들이 이곳을 찾는다.

9

Ocean Resources
해양자원

The ocean, multiple to a blinding oneness
바다, 그 눈부신 다양함 그리고 불변성!
—Archie Randolph Ammons(아치 랜돌프 아몬스)

basic concept

자원의 보고
Ocean Resources

차세대 alternative energy(대체에너지)의 resources(자원)를 exploite(개발)하는 일이 시급하다. 이는 인류의 civilization(문명 생활)을 유지하고, 오늘날 energy resources(에너지원)를 사용하면서 나타난 심각한 environmental pollution(환경오염) 문제를 해결하기 위해 반드시 필요한 일이다. 가장 이상적인 alternative energy는 recyclable(재활용이 가능)하고, environmental pollution을 일으키지 않는 이른바 clean energy(청정에너지)이다. 이런 이유로 오늘날에는 ocean energy, 즉 marine energy(해양에너지)에 많은 이들이 관심을 갖고 있다.

Ocean energy는 tidal power(조력), wave power(파력), differential thermal power(온도 차이), ocean current(해류) 등 다양한 방법으로 이용이 가능하다. Ocean energy의 장점은 고갈되지 않으며 비교적 무한하고 풍부한 energy라는 점이다.

삼성경제연구소의 자료에 따르면 바닷속에는 전 세계 매장량의 약 32.5퍼센트에 달하는 1조 6,000억 배럴 이상의 oil(석유)이 묻혀 있다고 한다.

또 North pole(북극)에는 전 세계 사람이 60년 동안이나 쓸 수 있는 crude oil(원유)과 전 세계 reserves의 50퍼센트에 달하는 엄청난 양의 natural gas(천연가스)가 묻혀 있다고 한다. 그러나 North pole에서 crude oil과 natural gas를 채굴한다고 해도 glacier(얼음 덩어리) 때문에 운반이 어려운 실정이다.

그뿐 아니다. Ocean floor(해저)의 manganese nodule(망간단괴)에는 copper(구리), manganese(망간), nickel(니켈), cobalt(코발트), gold(금), zinc(아연) 이 육지보다 훨씬 많이 매장되어 있어 resources(자원)의 repository(보고)로 불린다. Ocean floor에는 최소 200년에서 최대 1만 년까지 이용할 수 있는 mineral resources(광물 자원)가 매장되어 있다.

한편 continental shelf(대륙붕)에 매장된 oil(석유)과 natural gas(천연가스) 및 각종 mineral resources를 exploit(이용)하려는 시도가 더욱 활발해지고 있다. 많은 국가에서 deep-sea floor(심해저)에 묻혀 있는 manganese nodule, sulfide mineral(유화광물)을 exploit하기 위해 애쓰고 있다. 머지않아 sea water(해수)에 dissolve(용해)된 dissolved substance(용존물질)의 가치도 높아질 것으로 예상된다. 이 때문에 dissolved substance를 exploit하기 위해 많은 나라들이 기술 개발에 투자하고 있다.

바닷속에 매장된 mineral resources는 ocean floor의 표층과 geological structure(지질 구조) 내에 매장된 seabed mineral resources(해저 광물 자원), sea water에 dissolve된 mineral resources로 나눌 수 있다. Seabed mineral resources는 수심에 따라 다르게 분포한다.

Intertidal zone(조간대)에는 diamond(다이아몬드)와 glod(금), platinum(백금), ilmenite(티탄철), magnetite(자철광), placer gold(사금), tungsten(중석) 등이 매장되어 있다. Continental shelf에는 coal(석탄), iron sand(사철), ilmenite, gold, tin(주석), oil, natural gas, limestone(석회석) 등이 묻혀 있다. Deep-sea floor에는 phosphate ore(인광), manganese nodule 등이 다량 묻혀 있다. 수심 3,000~5,000미터의 deep-sea floor에는 manganese nodule와 manganese pavement(망간각)가 매장되어 있는데 iron(철), cobalt, nickel, zinc 등을 포함하고 있어서 여러 나라에서 exploit하기 위해 애쓰고 있다.

Sea water에는 많은 material(물질)이 존재하지만 인류는 그중에서도 주로

salt(소금), bromine(브롬), magnesium(마그네슘)을 이용해왔다. 인류는 sea water를 salt pond(염전)로 끌어들여 수분을 증발시킨 bay salt(천일염)를 생산해왔는데, 오늘날에도 전 세계에서 salt의 output(생산량)의 약 30퍼센트를 이러한 방식으로 만들고 있다. Bay salt는 기후 조건과 환경, 염전 면적에 따라 output이 크게 좌우된다. 따라서 bay salt를 생산하기 어려운 기후 조건과 환경을 지닌 나라에서는 ion-exchange method(이온 교환법) 같은 공법을 사용해 salt를 얻고 있다.

Ocean floor의 crust(지각)에 있는 crack(틈새)에서 give off(분출)되는 methane gas(메탄가스)가 고압 상태에서 저온의 sea water와 결합돼 생긴 methane hydrate(메탄 하이드레이트)는 차세대 energy resources로 손꼽히고 있다. 일명 "불타는 얼음"으로 불리는 고체 상태의 gas인 methane hydrate는 현재 추정 매장량이 10조 톤으로, natural gas의 매장량의 100배 정도에 이르는 어마어마한 양이다. 주로 Alaska(알래스카), Siberia(시베리아) 같은 eternal frozen earth(영구 동토지역)와 organic matter(유기물)가 풍부한 continental shelf, continental slope(대륙 사면)에 매장되어 있는 것으로 알려져 있다. 또 clean energy로도 alternative energy로도 각광받고 있다. 이에 따라 세계 각국에서는 methane hydrate를 채취하기 위한 첨단 기술을 마련하는 데 힘을 쏟고 있으며, 자국 연안을 exclusive economic zone(배타적 경제수역)으로 선포해 인접국과 resources 확보를 위한 영유권 분쟁을 가속화하고 있다.

Ocean energy는 무한하다고 믿는 사람들이 많았지만 인구가 증가하고 ocean energy를 개발하려는 시도가 활발한 오늘날에는 그런 믿음이 흔들리고 있다. 어업이 날로 대규모화되면서 주요한 fishery(어장) 몇 군데는 이미 사라져버렸다. 세계 어획량이 해마다 7퍼센트씩 증가하고 있는 걸 보면 어업의 쇠퇴도 멀지 않은 미래의 일이다.

Marine pollution(해양 오염)도 심각하다. 각종 waste material(폐기물)이 바다로 흘러 들어가고 있다. 도시의 하수가 버려지는 바다에서는 eutrophication(부영양화)으로 marine ecosystem(해양 생태계)이 파괴되고 있다.

- 우리나라의 marine mineral resources(해양 광물 자원) 개발

국가과학기술위원회가 2000년에 Pacific(태평양)에서 manganese nodule을 개발한 데 이어 South-West Pacific(남서태평양)에서 manganese crust(망간각)와 submarine hydrothermal deposit(해저 열수광상)을 개발하기로 결정한 후, 국토해양부가 개발 계획에 세워 manganese crust 및 submarine hydrothermal deposit 개발 사업을 수행해오고 있다. 여기서 submarine hydrothermal deposit은 magma로부터 방출된 hydrothermal solution(열수용액)이 지하의 crack을 따라 상승하다가 temperature가 374°C 이하로 떨어지면 hydrothermal solution에 함유된 mineral이 deposit(침전)하여 생긴 경제적으로 개발할 가치가 있는 mineral deposit(광상)을 말한다.

정부 주도로 이루어진 이 사업은 민간 업체인 대우조선해양, 삼성중공업, SK네트웍스, LS-Nikko 동제련, 포스코가 합세하여 오늘에 이르고 있으며, South-West Pacific과 Indian Ocean(인도양)에서 submarine hydrothermal deposit의 매장량 평가와 economic efficiency(경제성) 평가 등을 위한 prospecting(탐사)을 벌이고 있다.

reading earth science

바다는 지구 표면의 70퍼센트를 덮고 있고 인간이 필요로 하는 대부분의 자원을 제공한다. 바다는 생존에 필요한 먹을 것과 에너지를 제공한다. 질병과 싸울 수 있는 대부분의 생물의학적인 생물들이 바다에서 발견된다. 바다는 또한 대기로부터 탄소 제거와 생물에 산소를 제공하는 데 있어서 중요한 역할을 한다(play an important role in). 바다는 현대 사회에 수많은 자원을 제공한다.

해양 자원으로서의 어업

우리의 바다는 중요한 식량원(source of food)이며 바다는 오랫동안 인간들의 식량을 공급할 수 있는 곳으로 믿어져 왔다. 물고기는 경제 활동에서 중요한 역할을 할 뿐만 아니라 수백만 톤의 식량을 공급한다. 오늘날에는 다양한 어업 방식이 사용되고 있다. 다양한 어법에는 장대, 거대한 트롤선, 후릿 그물(대형 건착 그물), 자망으로 잡기, 연승 낚시질(주낙 낚시질), 견지 낚시질 및 작살의 이용이 포함된다.

물고기는 재생이 가능한 자원으로 간주된다. 다시 말해서 물고기는 소비되는 것만큼 같은 비율로 재생될 수 있다. 그러나 많은 사람들이 남획은 바다에 위험하다고 걱정한다. 게다가 돌고래와 거북처럼(such as) 물고기 이외의 동물들이 사고로 어망에 잡힐 수도 있다. 수산업계는 지금 남획과 다른 동물들에 대한 피해 두 가지 모두를 예방하기 위한 노력을 기울이고(make efforts to prevent) 있다.

해양 자원으로서의 광물

바다는 수많은 광물의 중요한 원천이다. 바다는 모래, 자갈과 소금 및 마그

The ocean covers 70% of the Earth's surface and provides most of the resources humans need. The ocean provides food and energy needed for living. Most biomedical organisms that have a potential to fight diseases are found in the ocean. It also plays an important role in removing carbon from the atmosphere and providing living things oxygen. The oceans provide modern society with numerous resources.

Fishing as an ocean resource

Our oceans are an important source of food and it is believed that the oceans can supply the food requirement of humans for a long time. Fish do not only play a role in major economic activity but also provide millions of tons of food. There are a variety of fishing methods in use today. These include the use of poles, huge trawlers, purse-seining, gillnetting, long-lining, trolling and harpooning.

Fish are considered a renewable resource. In other words, they can reproduce at the same rate as they are consumed. However, many people are concerned that overfishing is a possible danger in our oceans. In addition, animals other than fish, such as dolphins and turtles, can be accidentally caught in fishing nets. The fishing industry is now making efforts to prevent both overfishing and damage to other animals.

네슘, 운모, 구리, 코발트, 망간, 기타 등등을 포함하는 광물 자원 같은 물질들의 보고이다. 다이아몬드도 육지보다는 바다에 더 많다. 그래서 광산 회사들은 바다 바닥을 준설기로 훑고 침전물들을 보트로 가져와 보석을 가려낼 수 있는 방법들을 찾아냈다.

이 과정은 복잡하고 어려울 뿐만 아니라 바다에 해를 끼친다. 준설기로 바다 바닥을 훑어내면 바다 서식지를 광범위하게 파괴하게 된다.

해양 자원으로서의 에너지

바다의 가장 귀중한 자원은 석유와 천연가스이다. 석유와 천연가스는 매장된 생물체의 화석으로부터 형성된다. 이 화석들이 석유와 천연가스로 변화하는 데는 수백만 년이 걸린다. 이런 이유로 석유와 천연가스는 재생 불가능한 자원(nonrenewable resources)이다.

해양 석유와 천연가스 광산은 전 세계 해저 대륙 주변부를 따라 불투수성

Minerals as an ocean resource

Oceans are an important source of a number of minerals. The ocean has been a storehouse of materials like sand, gravel and salt as well as mineral wealth including magnesium, mica, iron, copper, cobalt, manganese and many others. Diamonds are also more abundant in the ocean than on land. Thus, mining companies have found ways to dredge the ocean floor and bring the sediment to the boat to be sifted for gems.

This process is not only complicated and difficult but it is also harmful to the ocean. Dredging pulls up the ocean floor which results in a widespread destruction of ocean habitats.

Energy as an ocean resource

The most valuable resources in the ocean are oil and natural gas. Oil and natural gas form from the buried remains of living things. The remains take millions of years to change into oil and natural gas. For this reason, oil and natural gas are nonrenewable resources.

Offshore oil and natural gas deposits are found between layers of impermeable rock along continental margins around the world. Engineers must drill a well through the rock to reach these resources. About one-fourth of the world's oil is now obtained from offshore wells.

Ocean tides also hold large potential energy and this energy source is being harnessed in different parts of the world. The ocean can generate energy simply by its constant movement.

바위 층 사이에서 발견된다. 기술자들은 암석 속으로 유정을 뚫어야만 이 자원에 도달할 수 있다. 현재 전 세계 석유의 약 4분의 1은 해상 유정에서 나온다.

해양의 조석 또한 거대한 에너지를 보유하고 있고 이 에너지원은 세계의 여러 곳에서 이용되고 있다. 바다는 끊임없이 움직이기만 해도 에너지를 생성할 수 있다. 태양과 달의 인력은 해수면의 상승과 하강(조석 현상)을 일으킨다. 조류(밀물과 썰물로 인해 생기는 바닷물의 흐름)로부터 생성되는 에너지를 조력에너지라고 부른다. 프랑스, 미국, 캐나다와 일본이 조석 및 파동에너지 자원을 이용하는 방법을 개발한 주요 국가들이다.

해운업

두 장소 간의 물품 수송은 배를 이용한 이송을 통해 가능하다. 해운은 선박을 이용한 화물과 물품의 이동을 가리킨다. 해운이 빠르고 편리한 수송 방법이기는 하지만 배와 엔진을 가진 기타 선박은 큰 소음, 커다란 물결, 유해한 산업 폐기물을 버려 자연 환경에 해가 될 수 있다.

관광 산업

해양 관광업은 오늘날 산업계에서 가장 빠른 속도로 성장하고 있는 업종 중 하나이다. 많은 나라들이 관광업을 통해 수익을 창출한다. 그러나 해안 지역과 해안 근처에서 발생하는 모든 활동들은 환경을 파괴시킬 수 있다. 관광 사업의 부실한 관리는 서식지 파괴와 생태계 손상, 해안 및 해양 자원의 상실 그리고 해안 오염을 일으킬 수 있다.

기후 완화

바다는 완충제 역할을 해서(act as a buffer system) 기후에 영향을 미친다. 그

The gravitational pulls of the sun and the moon cause the ocean to rise and fall as tides. Energy generated from the movement of tides is called tidal energy. France, USA, Canada and Japan are the leading countries who have developed methods of using the tidal and wave energy resources.

Shipping

Transportation of goods between two places is possible through shipping. Shipping refers to moving of cargo and goods with the use of ships. Though shipping is a fast and convenient method of transportation, ships and other watercraft with engines can disturb the natural environment with loud noises, large waves and the dumping of industrial and harmful wastes.

Tourism

Ocean tourism is one of the fastest growing areas in the industry today. A lot of countries generate income through this tourism. However all of the activities that take place in the coastal zones and near-shore can cause damage to the environment. A poorly managed tourism industry can cause destruction of habitats and damage to ecosystems, loss of coastal and marine resources, and coastal pollution.

Climate buffer

The Ocean affects the climate by acting as a buffer system. It

것은 이산화탄소와 과도한 열을 흡수하기 때문에 온실 가스 수준의 상승으로 인한 대기의 온난화를 둔화시킨다.

산소 생산

식물성 플랑크톤은 광합성 과정에서 산소를 바다에 방출한다. 세계 산소의 반은 식물성 플랑크톤의 광합성에 의해 만들어진다. 나머지 반은 나무, 관목, 초목 및 다른 식물들에 의한 육지에서의 광합성에 의해 만들어진다.

absorbs carbon dioxide and excess heat, therefore slowing the warming of the atmosphere due to rising levels of greenhouse gases.

Oxygen production

In the process of photosynthesis, phytoplankton release oxygen into the water. Half of the world's oxygen is produced via phytoplankton photosynthesis. The other half is produced via photosynthesis on land by trees, shrubs, grasses, and other plants.

problem solving

문제1 그림 (A)는 차세대 에너지원이라고 불리는 메탄 하이드레이트의 모습이고, (B)는 망간 단괴의 단면 모습이다. 그림 (A), (B)에 대한 설명으로 옳지 않은 것을 고르시오.

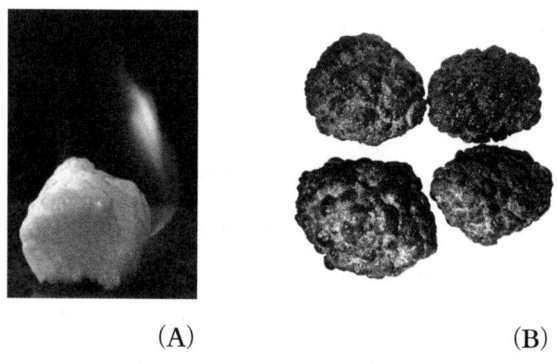

(A)　　　　　　　　(B)

① (A)에 불을 붙이면 타는 성질이 있다.
② (A)의 주성분은 천연가스인 메탄이다.
③ (A)는 석탄과 석유를 대체할 에너지 자원에 해당한다.
④ (B)는 주로 해저의 대륙붕에 매장되어 있다.
⑤ (B)는 망가니즈와 니켈, 코발트, 구리, 망간 등의 금속을 함유하고 있다.

➡ 해답 **1.** ④

Example 1 Picture (A) shows a future energy source, methane hydrate and picture (B) shows a section of a manganese nodule. Choose the wrong explanation for picture (A) and (B).

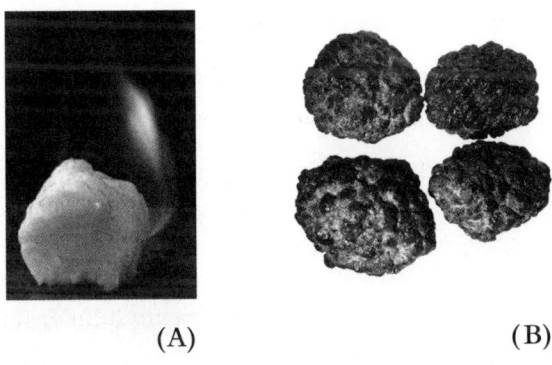

(A) (B)

① (A) has an aptitude to burn when it is ignited.
② The main component of (A) is a natural gas called methane.
③ (A) is an energy source that will substitute coal and petroleum.
④ (B) is mainly buried in continental shelf.
⑤ (B) contains metals like nickel, cobalt, copper and manganese.

rest in earth science

바닷속에도 snow(눈)가 내린다?

바닷속에서도 종종 snow가 내리는 풍경을 볼 수 있다. 바닷속에서 내리는 snow를 가리켜 marine snow(바다눈)라고 부른다. 바닷속에서 내리는 snow는 하늘에서 내리는 snow와 유사해 보이지만 실제로는 water column(수주, 水柱)의 upper layer(상층)에서 sea floor로 가라앉는 organic detritus(유기질 쇄설물)이다. 바닷속에서 볼 때 육지에 내리는 snow와 비슷해 보이기 때문에 marine snow라고 한다.

Marine snow가 되는 oranic detritus에는 이미 죽었거나 죽어가는 plankton(플랑크톤), protists(구조류, 원생생물), fecal matter(배설물), sand(모래), inorganic dust(무기질의 먼지) 같은 것이 있다. 이 중에서도 특히 plankton은 살아 있는 동안에는 스스로 움직이거나 buoyancy(부력)를 이용해 움직이다가 죽으면 작은 chunk(덩어리)로 변해 가라앉는데, phytoplankton(식물성 플랑크톤)과 zooplankton(동물성 플랑크톤)의 두 종류가 있다.

한편 marine snow는 carbon(탄소)과 nitrogen(질소)을 함유하고 있어 바다의 organism(생물)의 먹이가 된다.

The world's end('세계의 끝')에 있는 바다

바다는 육지와 달리 어떤 경계를 두어 나누기가 어렵다. 물론 지도상에 해역을 표시하긴 했지만 육안으로는 정확히 볼 수가 없다.

그런데 두 바다가 정확히 나누어진 것처럼 보이는 곳이 있다. 그곳은 Denmark(덴마크)의 northernmost(최북단)인 Skagen(스카겐)-Grenen(그레넨) 지역이다. 서쪽 해류인 North Sea(북해)와, 동쪽 해류인 Baltic Sea(발트해)가 만나는 곳에서 foam(거품)이 하얗게 일면서 하나의 선을 그리고 있다.

이러한 현상은 North Sea와 Baltic Sea의 density difference(밀도 차이) 때문에 생겨난다고 한다. Baltic Sea는 육지로 둘러싸인 하천으로부터 대량의 fresh water(담수)가 흘러 들어온다. 이 때문에 salinity(염분)가 3~0.6퍼센트밖에 되지 않아 바다의 평균적인 salinity인 3.5퍼센트보다 density가 많이 낮은 편이다. 반면에 North Sea는 North Atlantic Ocean(북대서양)에서 salinity가 3.5퍼센트 이상인 sea water가 흘러 들어오기 때문에 salinity가 높다. 이렇게 density difference가 큰 두 바다가 충돌하면서 foam이 만들어지는 것이다.

이와 유사한 현상은 해안에서도 쉽게 볼 수 있다. 바닷물이 땅으로 bob and weave(위로 올라왔다 내려갔다)할 때 foam이 생기는 것을 볼 수 있다. 이때 foam은 액체인 파도와 고체인 모래사장이 bump into(부딪치다)하면서 만들어진다. 두 개의 바다가 부딪쳐 흰 선을 그리는 Skagen-Grenen 지역을 사람들은 "the world's end"라고 부르기도 한다.

Marine city(해양 도시) 건설

바다 위나 바닷속에 living accommodations(주거시설)를 만들거나 airport(공항)나 port(항만)를 건설하는 것, 즉 marine city를 건설하는 목적은 해양 공간의 이용을 극대화하기 위해서이다. 이는 reclamation project(간척 사업)와는 다른 형태이다. 육지가 overpopulation(과밀화)이 되면서 인류가 거주하고 이용할 수 있는 땅은 나날이 부족해지고 있다. 이 문제를 해결하기 위한 개발 계획 중 하나가 바로 marine city 건설이다.

Marine city의 건설은 바다의 풍부한 resources를 이용해 수산업, 관광, 레저 같은 해양 산업을 활성화함으로써 연안 지역 경제를 살리고, 상업, 교육, 문화, 의료 등의 서비스 수준을 높여 인구 정착도를 높이기 위한 지역 정비안이기고도 하다.

  Marine city의 개발 중 인상적인 예로 일본의 Marinopolis(마리노폴리스)를 들 수 있다. Marinopolis는 marine city라는 뜻으로, 육지의 overpopulation을 해소하고 풍부한 ocean resources를 최대한 이용하려는 의지를 담고 있다. 또 일본에서는 바다 위에 국제 공항을 건설하기도 했는데, 혼슈 오사카만 해상에 있는 간사이 국제공항이 그것이다. 오사카 국제공항의 과밀화와 소음 문제를 해결하기 위해 처음 계획되었다. 간사이 국제공항은 오사카만에 접한 바다를 매립하여 man-made island(인공섬)를 만든 다음 그 위에 건설한 offshore airport(해상 공항)이다.

  우리나라의 경우, 수도권과 남해안 청정 지역에 man-made island를 만들어 첨단의 marine city를 건설할 계획을 세우고 있으며 서해안의 영종도 일대에 국제적인 marine city를 세울 계획도 검토 중이다.

10

Constellation
별자리

⚲

Autumn(가을) cool light(서늘한 빛)에 apple(사과)은 모두 물들어가고,
Taurus(황소자리), Leo(사자자리), Gemini(쌍둥이자리), constellations
(별자리)는 perfect(완벽)한 order(순서)로 떠오르고.

— John Ashbery(존 애쉬베리)

basic concept

별들의 모임
Constellation

Constellation(별자리)은 5000년 전 Tigris River(티그리스 강)와 Euphrates River(유프라테스 강) 유역에서 살던 nomad(유목민)들이 star(별)의 위치를 관찰한 데서 비롯되었다고 한다. 그들은 유목을 하면서 밤하늘의 star들을 동물의 모양에 빗대어 constellation을 만들었다고 한다. BC 3000년쯤에 만든 것으로 보이는 이 강 유역의 milestone(표석)에는 zodiac(황도대, 황도12궁)을 따라 arrange(배치)된 12개의 constellation들을 포함해 20여 개의 constellation들이 남겨져 있다.

그런가 하면 Ancient Egypt(고대 이집트)의 사람들은 BC 3000년경에 43개의 constellation들을 알고 있었다고 한다. Babylonia(바빌로니아)와 Egypt에서 발달한 astronomy(천문학)는 Greek(그리스)로 전해졌다. 그래서 constellation들의 이름에 Greek mythology(그리스 신화)에 나오는 Cepheus(케페우스), Cassiopeia(카시오페이아), Andromeda(안드로메다), Perseus(페르세우스), Great Bear(큰곰자리), Little Bear(작은곰자리)와 같이 신이나 동물의 이름이 붙여졌다.

AD 2세기경 Ancient Greek(고대 그리스)의 astronomer(천문학자)인 Klaudios Ptolemaios(클라우디오스 프톨레마이오스)가 집필한 《Megalē Syntaxis tēs Astoronomias(천문학 집대성)》라는 책에는 northern hemisphere(북반구)의 constellation을 중심으로 한 48개의 constellation들이 수록되어 있다. 이 책에 수록된 constellation들은 16세기 전까지 Europe(유럽)에 큰 영향

을 미쳤다.

15세기 이후에는 Europe의 여러 나라들이 활발히 항해에 나서면서 Southern hemisphere(남반구)의 constellation도 발견되었다.

The East(동양)의 constellation은 The West(서양)의 constellation과는 계통을 달리한다. China에서는 BC 5세기쯤 28개의 constellation들을 발견했다고 하며, 최초의 기록은 BC 100년경에 쓰인 《사기(史記)》의 '천관서(天官書)'에 남아 있다. 또 우리나라의 constellation은 China의 것과 similar(유사)하며, 삼국시대 기록물뿐 아니라 《조선왕조실록(朝鮮王朝實錄)》에 자세한 기록이 남아 있다. 특히 조선 초에 만들어진 astronomical chart(천문도)인 천상열차분야지도(天象列次分野之圖)는 현존하는 것 중 세계에서 두 번째로 오래된 천문 유물이다.

19세기에서 20세기 초에는 constellation의 이름이 사람마다 지역마다 다르게 사용되어 confusion(혼동)이 많이 일어났다. International Astronomical Union(국제천문연맹)은 1922년 88개의 constellation들에 대한 이름을 정하고, 1928년 이들 constellation의 구역을 zodiac을 따라 12개, northern hemisphere의 하늘에 28개, southern hemisphere의 하늘에 48개로 determine(확정)했다. 또 celestial sphere(천구)의 right ascension(적경)과 declination(적위)에 parallel(평행)한 선으로 경계를 정했다. 이것이 오늘날에 우리가 사용하는 constellation이다.

한편 constellation을 이루는 여러 star는 거리와 밝기가 모두 다르다. Star는 초당 수십에서 수백 킬로미터 속도로 각기 다른 방향으로 이동하고 있지만 지구에서 너무나 멀리 떨어져 있기에 stationary(정지)된 것처럼 보인다. 이 때문에 Ancient Greek에서 만든 constellation이나 오늘날에 새로 만든 constellation이 거의 똑같다. 그러나 앞으로 20만 년쯤 세월이 흐르면 하늘의 모든 constellation도 완전히 달라질 것이다.

reading earth science

별자리는 밤하늘에 밝게 보이는 별들의 집단이다. 지구에서 보았을 때 이 집단들은 어떤 패턴을 만든다. 이 패턴 중 상당수는 가공의 인물을 토대로 한 것이다. 별자리의 진정한 목적은 하늘을 조직화하는 틀을 만드는 데 도움을 주는 것이다. 하늘을 더 작은 부분들로 나눔으로써 다른 별들과 천체들의 위치를 알아내어 그리기가 더 쉬워진다.

별자리의 역사

천문학은 별, 행성 및 혜성을 연구하는 학문이다. '천체의'라는 용어는 어느 것이든 지구 대기권 밖, 우주에 위치해 있는 것을 말하는 것이다. 별자리는 원래는 종종 신앙을 기초로 한(based on) 것이었다. 고대인들은 하늘의 신들이 별을 창조했다고 믿었다. 별들의 위치는 신이 이야기를 하고 사람들과 소통하는 방식이었다고 믿는 문화가 있었다. 그들은 하늘의 패턴들을 인식해서 이름들을 붙이고 그것들에 관해 이야기했다.

별자리에 이름을 붙인(give names) 최초의 사람들은 고대 그리스인들이었다. 이 별자리들의 상당수는 또한 아랍인, 이집트인, 바빌론인 들에 의해 인정받았다. 별자리가 최초로 실질적, 실용적으로 이용된 것은 농업에서였다. 농부들은 계절의 변화 이외에는 언제 씨를 뿌리거나 곡식을 거두어들일지 결정하는 어떠한 수단도 갖지 못했다. 그러나 일부 지역에서는 계절 간 차이가 거의 없어서 이 방법은 실용적이지 못했다.

다른 별자리들이 1년 중 다른 때에 보이기 때문에 농부들은 별을 이용하여 계절의 변화를 예측했다. 이러한 방법 중의 한 예가 오리온자리이다. 예를 들어 고대인들은 오리온자리가 완전히 보이기 시작했을 때 겨울이 곧 오고 있다는 것을 알았다. 비슷한 경우로(similarly) 그들은 여름 하늘의 대삼각형을 보고 여름이나 봄이 언제 오는지를 알 수 있었다. 별자리를 아는 것은 농부들

Constellations are groupings of the brighter, visible stars in the night sky. When seen from Earth, these groupings make a pattern. Many of these patterns are based on imaginary figures. The real purpose of constellations is to help create a framework by which to organize the sky. By dividing the sky into smaller segments, it becomes easier to locate and map other stars and celestial objects.

History of constellations

Astronomy is the study of celestial objects such as stars, planets and comets. The term "celestial" refers to anything located in space, outside of the Earth's atmosphere. Constellations were originally often based on religious beliefs. Ancient people believed that the gods in heaven created the stars. There were many cultures who believed that the positions of the stars were the god's way of telling stories and communicating with people. They recognized patterns in the sky and gave names and told stories about them.

The ancient Greeks were the first to give names to the constellations. Many of these constellations were also recognized by the Arabs, Egyptians, and Babylonians. The first real, practical use of constellations was in agriculture. Farmers did not have any means by which to determine when to sow seeds or harvest crops, except for the changes in seasons. However in some regions, there is little difference between the seasons, making

이 미리 계획 세우는 것을 더 용이하게 해주었고 널리 퍼진 농업을 보편화하는 데 기여했다.

별자리는 또한 항해하는 데 도움을 주었다. 나침반을 사용하는 것과는 별개로(Aside from) 많은 항해사들이 전적으로 별자리에 의존하여 그들의 위치를 정확히 확인했다. 항해사는 북극성이 하늘에 얼마나 높이 나타나 있는지를 보기만 해도(have relied solely on) 자신의 항위를 측정할 수 있다. 이 방법은 항해사와 탐험가가 지구를 일주하게 해주었다.

오늘날 별자리에게는 여전히 실용적인 목표가 있다. 별자리는 천문학자들이 좌표나 별의 이름을 알기만 해도 별의 정확한 위치를 측정할 수 있도록 도와준다.

별의 이름 짓기

대부분의 잘 알려진 별자리 이름들은 고대 그리스어에서 나왔고 다른 이름들은 아랍, 이집트 그리고 바빌로니아어에서 유래되었다. 1922년에서 1930년에 IAU(the International Astronomical Union)은 정식으로 별자리들의 이름을 짓기로 결정했다. 국제천문학연합은 1919년에 형성된 천문학자들의 모임이다.

현재, 정식으로 이름이 지어진 별자리는 88개이다. 48개의 별자리 이름은 그리스인들에 의해 지어졌다. 각 별자리의 이름은 두 가지 형태—주격 형태와 소유격 형태로 되어 있다. 주격 형태는 별자리 자체를 지칭할 때(when referring to) 사용되고, 반면에(while) 소유격 형태는 별의 이름에 사용된다. 예를 들어 별자리 양자리(주격 형태)에서 가장 밝은 별인 하말은 또한 알파 소유격 형태로 불리는데 문자 그대로 '양자리의 주성'을 의미한다.

별자리의 위치 찾기

별자리를 구성하는 별들은 지구에서 수광년 떨어져 있긴 하지만(Although)

this method impractical.

Since different constellations are visible at different times of the year, farmers used the stars to predict seasonal changes. One example of this usage is the constellation Orion. The ancient people knew, for example, that when the constellation Orion started to be fully visible, winter was coming soon. Similarly, they could look at the Summer Triangle to know when summer or spring was coming. Knowing the constellations made it easier for farmers to plan ahead and helped the establishment of widespread agriculture.

The constellations also helped with navigation. Aside from using a compass, many navigators have relied solely on constellations to determine their exact location. A navigator can determine his latitude just by looking at how high Polaris appears in the sky. This method allowed navigators and explorers to travel around the globe.

Today, constellations still have a practical purpose. Constellations help astronomers determine the exact location of a star just by knowing the coordinates or the star's name.

Naming the stars

Most names of well known constellations came from ancient Greeks with others coming from Arabs, Egyptians and Babylonians. In 1922~1930, the International Astronomical Union (IAU) made resolutions to officially name constellations. The IAU is a group of astronomers formed in 1919.

Currently, there are 88 constellations which have been

현대 기술을 이용하여 이 별들의 위치를 정확하게 알아낼 수 있다. 일부 별자리들은 육안으로 보이지 않기 때문에 위치 파악을 위해 배율이 높은 망원경을 필요로 한다. 육안으로 보이는 별자리들의 경우, 현대 기술 없이도 밤하늘에 있는 그들의 위치를 알아낼 수 있는 방법들이 있다.

기본적인 별자리 표와 나침반만을 사용해도 북두칠성, 소북두칠성, 오리온, 카시오페이아 같은(such as) 유명한 별자리를 찾을 수 있다. 첫 번째 할 일은 비교적 과다한 외부 조명과는 거리가 먼 곳, 그곳의 대기는 오염이나 구름이 많은 곳이 아닌 장소를 찾는 것이다. 청명한 밤하늘이 별을 보기에는 최고의 환경이다.

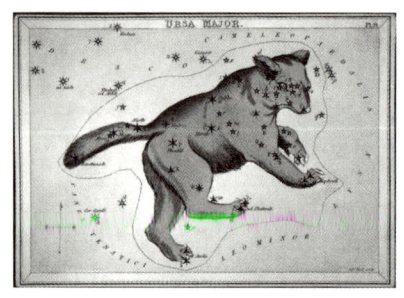

● **북두칠성과 북극성** 별자리를 찾는 가장 쉬운 방법은 북두칠성과 북극성에 의존하는(rely on) 것이다. 북두칠성은 특히 다른 별자리 발견에 도움이 된다(helpful for). 그것은 굽은 손잡이가 있는 냄비(국자)같이 보인다. 굽은 손잡이를 형성하는 세 개의 별들과 냄비(국자)를 형성하는 네 개의 별들이 있다. 북두칠성을 찾기 위해서 북반구 부근의 한 장소를 찾아 시각적으로 분명하게 봐라 (make a clear visual view).

북두칠성의 위치 파악은 1월과 12월에 하는 것이 가장 좋다. 북극성의 위치 파악을 위해서는 북두칠성의 냄비 끝을 따라가라(follow the end of). 마지막 두 별 간의 선을 상상하라. 이 마지막 두 별은 '포인터 스타즈'라고 불린다.

전혀 움직이는 것같이 보이지 않는 희미한 별을 발견할 때까지 가상선을 계속 그려라. 이 별은 북극성 또는 폴라리스라고 불린다. 북극성은 또한 별자리 소(小) 북두칠성의 일부이다.

officially named. Forty-eight (48) constellations were named by the Greeks. The name of each constellation has 2 forms—the nominative and the genitive. The nominative is used when referring to the constellation itself, while the genitive form is used in star names. For example Hamal, the brightest star in the constellation Aries (nominative form), is also called Alpha Arietis (genitive form), meaning literally "the Alpha of Aries."

Locating constellations

Although the stars constituting constellations are light years away from the Earth, it is possible to precisely locate these stars with the use of modern-day technology. Some constellations are not visible to the naked eye and therefore need a high powered telescope to be located. For those constellations that are visible to the naked eye, there are ways to locate them in the night sky without modern technology.

Using only a basic star chart and a compass, it is possible to find popular constellations such as the Big Dipper, Little Dipper, Orion and Cassiopeia. The first thing to do is to find a place that is relatively far from excess outdoor lighting, where the atmosphere is free from pollution or excess cloud cover. A clear night sky is the best environment in which to view stars.

- The Big Dipper and the North Star One of the easiest ways to find constellation is to rely on The Big Dipper and the North Star. The Big Dipper is especially helpful for finding other constellations. It looks like a pot with a curved handle. There

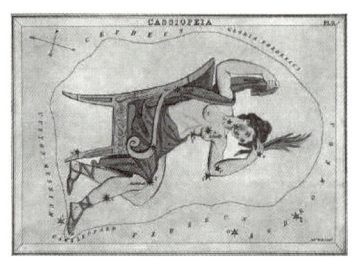

● **카시오페이아** 전설에 따르면, 카시오페이아는 어느 강대국의 여왕이었다. 포인터 스타즈와 북극성의 위치가 파악되면(after locating) 계절에 따라 W자나 M자같이 보이는 패턴을 보게 될 것이다. 그 패턴이 카시오페이아이다. 카시오페이아는 은하계의 일부 별들이 이 별자리를 통과하기 때문에 훌륭한 표시물이기도 하다.

● **오리온** 오리온은 12월부터 3월 동안 북반구에서 가장 잘 보인다. 그것이 고대에 농부들에게 훌륭한 표시물이 되었던 이유이다. 오리온은 다닥다닥 붙은 세 개의 별들이 '벨트' 역할을 하기 때문에 쉽게 분간할 수 있다. 어깨들을 표시하는 세 개의 별과 그의 옷의 단을 표시하는 두 개의 별이 있다. 오리온자리는 남쪽 하늘에서 쉽게 보일 것이다.

are three stars that form the curved handle and four stars forming the pot. To find the Big Dipper, look for a place near the Northern Hemisphere to make a clear visual view.

It is best to locate the Big Dipper during the months of January and December. To locate the North Star, follow the end of the pot of the Big Dipper. Imagine a line between the last two stars. These last two stars are called " Pointer Stars".

Continue drawing the imaginary line until you find a faint star that seems not to move at all. This star is called the North Star or Polaris. The North Star is also part of the constellation Little Dipper.

- Cassiopeia According to legends, Cassiopeia was the queen of a powerful land. After locating the Pointer Stars and the North Star, you will notice a pattern that looks like the letter W or M, depending on the time of the year. That pattern is the Cassiopeia. Cassiopeia is an excellent marker since some stars in the Milky Way Galaxy go through this constellation.

- Orion Orion is the best seen from the Northern Hemisphere during the months December through March. That is why it was an excellent marker for farmers during the ancient days. Orion is easily recognizable with its three closely set stars serving as the "belt". There are three stars that mark the shoulders and two that mark the hem of his clothes. The Orion constellation should be easily seen in the southern sky.

problem solving

문제1 그림은 천구의 북극에서 관측한 금성과 화성의 공전 궤도를 나타낸 것이다. 이에 대한 설명으로 옳지 않은 것은?

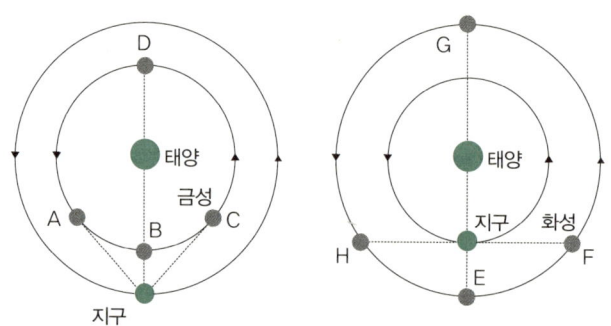

① 금성은 화성과 달리 한밤중에는 관측할 수 없다.
② 금성은 B 부근에서 역행하고, 화성은 E 부근에서 역행한다.
③ D와 G에 위치할 때 금성과 화성을 가장 오랜 시간 관측할 수 있다.
④ 금성이 B와 D, 화성이 G에 위치할 때 태양과 같은 시각에 뜨고 진다.
⑤ C와 F에 위치할 때 금성과 화성은 태양보다 먼저 뜨고 먼저 진다.

Example 1 The picture shows the orbit of revolution of Venus and Mars measured at the Arctic of the celestial sphere. Which is the wrong explanation?

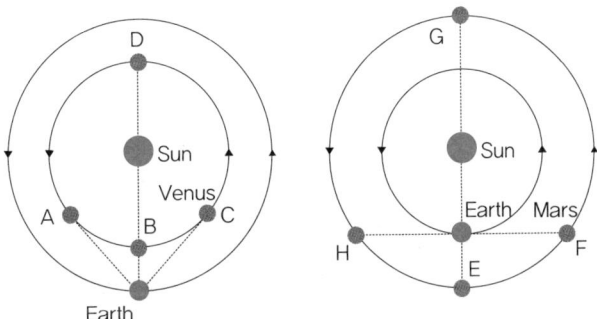

① Venus cannot be observed in the middle of the night unlike Mars.
② Venus retrogress at around B, and Mars retrogress at around E.
③ When Venus and Mars are located at D and G, they can be observed for the longest time.
④ When Venus is located at B and D and Mars is located at G, the sun rises and sets at the same time.
⑤ Venus and Mars rise and set earlier than the sun, when they are located at C and F.

문제2 그림 (A), (B), (C)는 천체의 운동을 설명하는 여러 가지 우주관을 나타낸 것이다. 이에 대한 설명으로 옳은 것을 보기에서 고르시오.

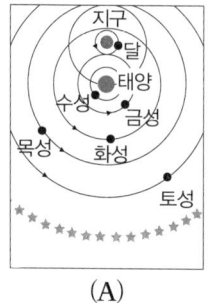
(A)
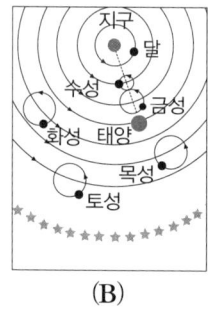
(B)
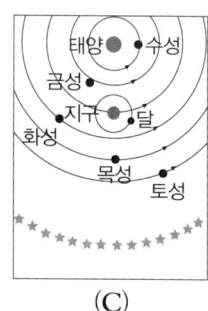
(C)

a. (A)와 (B)는 천동설을 바탕으로 하고 있다.
b. 행성의 역행이 일어나는 것은 (A)에서 설명할 수 없다.
c. (B)와 (C)는 금성이 보름달 모양으로 보이는 것을 설명할 수 없다.

① a ② b ③ a, c ④ b, c ⑤ a, b, c

→ 해답 1. ③ 2. ①

Example 2 Picture (A), (B), and (C) show various visions of the universe explaining the movement of celestial bodies. Choose a number that has all correct explanations.

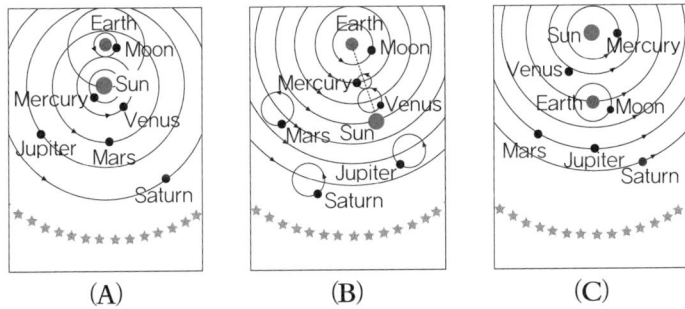

a. (A) and (B) is based on the Ptolemaic system.

b. Retrogression of a planet cannot be explained in (A).

c. (B) and (C) cannnot explain Venus looks like a full moon.

① a ② b ③ a, c ④ b, c ⑤ a, b, c

rest in earth science

사계절의 대표 constellation

우리가 볼 수 있는 밤하늘의 constellation들은 계절에 따라 달라진다. 일반적으로 초저녁 8시경에 볼 수 있는 constellation들을 그 계절의 constellation들이라고 말한다.

• 봄

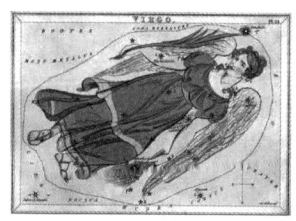

Virgo(처녀자리) Virgo는 zodiac에서 여성의 모습을 한 유일한 constellation이다. Greek mythology(그리스 신화)에 나오는 대지의 여신 Demeter(데메테르)의 딸 Persephone(페르세포네)의 모습이라고 한다. 가장 빛나는 α star(알파 별, 하나의 별자리에서 가장 밝은 별)는 Spica(스피카)이다. Spica는 여신이 손에 든 이삭에 위치해 있다. Spica는 농사와 밀접한 관련이 있는데, 이 star를 볼 수 있으면 파종할 시기가 다가온 것이다. Spica와 Leo(사자자리)의 Denebola(데네볼라), Bootes(목동자리)의 Arcturus(아르크투루스)를 연결하면 삼각형 모양이 된다. 이 삼각형을 Spring Triangle(봄의 대삼각형)이라고 한다. 이는 여러 constellation들을 찾는 길잡이 역할을 한다. Virgo는 Hydra(바다뱀자리)에 이어 하늘에서 두 번째로 큰 constellation이다.

Hydra(바다뱀자리) 현대의 constellation 88개 중 가장 큰 constellation이다. 봄에 볼 수 있는 거대한 이 constellation은 뱀의 머리 쪽 star cluster(성단, 수백 개 이상의 별들이 거의 동시에 탄생해 집단을 이룬 것)에서 남쪽 하늘을 가로질러 Libra(천칭자리)까지 뻗어 있다. 가장 긴 constellation이지만 밝은 등급의 star가 없어서 밤하늘에서 찾아보기란 쉽지 않다. 바다뱀은 머리가 잘려지면 그 자리에 둘이 생겨난다는 Hydra(히드라)라는 괴물을 의미한다. Greek mythology에 따르면 Heracles(헤라클레스)는 Hydra와 싸우게 되었는데, 아무리 Hydra의 머리를 베어내도 다시 머리가 솟아나서 죽일 수가 없었다. Heracles가 Hydra의 머리를 불로 태운 뒤에야 Hydra를 물리칠 수 있었다고 전해온다. Hydra에서 가장 밝은 star인 Alphard(알파트)는 '히드라의 심장'이라는 뜻이다.

• 여름

Lyra(거문고자리) Lyra는 여름철 북쪽 하늘에서 가장 빛나는 constellation에 속한다. Lyra에서 가장 밝은 star는 Vega(베가)이다. Vega와 Cygnus(백조자리)의 Deneb(데네브), Aquila(독수리자리)의 Altair(알타이르)를 연결하면 삼각형이 된다. 이 star들을 Summer Triangle(여름의 대삼각형)이라고 한다. Greek mythology에 따르면 Lyra는 아내를 잃고 슬픔에 빠져 죽은 Orpheus(오르페우스)의 거문고를 Zeus(제우스)가 하늘로 올려놓은 것이라고 한다. Lyra의 α star인 Vega는 우리나라에서는 직녀성으로 불리는데 견우와 직녀의 슬픈 전설이 전해온다. Vega는 25.3광년 거리에 있으며 태양보다 약 37배 더 밝다.

Scorpius(전갈자리) Zodiac에서 Sagittarius(궁수자리)와 Libra(천칭자리) 사이에 위치해 있다. 여름철 constellation인 Scorpius는 은하수 중심 쪽에 있다. 수많은 밝은 star들에 둘러싸인 이 constellation은 누구나 쉽게 찾을 수 있다. China에서는 이 constellation을 보고 용이라고 생각했고 Greek mythology에서는 사냥꾼 Orion(오리온)을 물리친 동물인 scorpion(전갈)으로 보았다. Scorpion은 Orion의 다리에 치명적인 상처를 입혔기 때문에 Orion과 Scorpius는 하늘의 반대 편에 위치해 있다. Scorpius는 실제 scorpion의 생김새와 흡사해 쉽게 찾을 수 있다. 1등성 Antares(안타레스)는 지구로부터 180광년 거리에 있다.

• 가을

Pegasus(페가수스자리) 이 constellation은 네 개의 star가 큰 사각형 모양을 하고 있다. Pegasus는 9월에서 10월 사이에 잘 보인다. Pegasus는 영웅 Perseus(페르세우스)가 Medusa를 물리쳤을 때 나온 피에서 태어났다고 한다. Poseidon(포세이돈)은 죽은 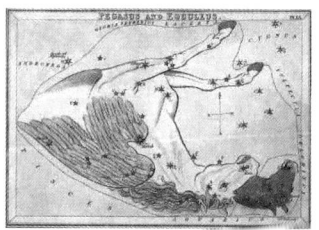 Medusa(메두사)의 피와 바다의 물거품으로 하늘을 나는 천마 Pegasus를 탄생시켰고, 이 날개 달린 천마는 하늘의 constellation이 되었다. Pegasus는 남쪽 하늘에서 Andromeda(안드로메다자리) 바로 옆에 위치해 있다. 사각형의 왼쪽 위에 자리한 star는 Alpheratz(알페라츠)로 말의 배꼽에 해당한다. 사각형 안에 있는 star를 세어보면 밤하늘의 맑은 정도를 알 수 있다. 12~13개의 star를 볼 수 있다면 아주 맑은 날씨이다.

Andromeda(안드로메다자리) 가을의 constellation인 Andromeda는 Pegasus의 왼쪽 위에 위치한 star에서 시작된다. Andromeda는 영어로 Chained Maiden이다. 이는 '사슬에 묶인 여자'라는 뜻이다. Andromeda는 Cepheus(케페우스)와 Cassiopeia(카시오페이아)의 딸이었다. 허영심 많은 왕비 Cassiopeia는 딸의 미모를 자랑하고 다닌 탓에 신의 노여움을 사서 Andromeda는 괴물의 먹이가 될 운명에 놓였지만, 영웅 Perseus가 괴물을 물리치고 그녀를 아내로 삼았다. Andromeda 근처에는 유명한 Andromeda galaxy(M31, 안드로메다 은하)가 있는데, northern hemisphere에서 눈으로 볼 수 있는 유일한 galaxy(은하계)다. 이 galaxy에는 약 4,000억 개의 star들이 밀집해 있다. Andromeda galaxy와 Our galaxy(우리은하, The Galaxy)는 서로 가까워지고 있어서 수십억 년 뒤에는 두 galaxy가 서로 합쳐질 것으로 예상된다.

• 겨울

Taurus(황소자리) 겨울의 constellation인 Taurus는 ecliptic 12궁에서 가장 북쪽에 위치한 constellation이다. 황소는 Zeus가 공주 Europa(유로파)를 유혹하기 위해 변신한 모습이다. Taurus에서 유명한 star cluster는 Hyades(히아데스) star cluster와 Pleiades star cluster(플레이아데스 성단)이다. Pleiades star cluster는 Atlas(아틀라스)와 Pleione(플레이오네) 사이에서 태어난 일곱 공주를 뜻한다. 우리나라에서는 좀생이 star라고 하는데 star들이 좀스럽게 모여 있다고 해서 그렇게 불렀다.

Pleiades star cluster의 밝은 star는 가까이 있는, 구름 모양으로 퍼져 있는 celestial body(천체)로 기체와 먼지 등등으로 이루어진 interstellar medium(성간물질)인 nebula(성운)를 파란색으로 보이게 한다.

Gemini(쌍둥이자리) Zodiac에서 세 번째 constellation으로, 겨울밤에 쉽게 찾을 수 있다. 쌍둥이 형제인 Castor(카스토르)와 Pollux(폴룩스)의 우애에 감동한 Zeus가 나란히 있는 형제의 형상을 constellation으
로 만들었다고 한다. Gemini의 머리 쪽에 있는 Castor는 지구로부터 47광년 거리에 있으며 Pollux는 36광년 거리에 있다. 미국이 인간을 달에 보내기 위한 계획이었던 Gemini program(제미니 계획)은 이 constellation에서 유래한 이름이다.

11

Solar System
태양계

That's one small step for a man, one giant leap for mankind.
그것은 한 사람의 작은 발걸음이자 인류의 거대한 도약이다.

―Neil Armstrong(닐 암스트롱)

basic concept

태양을 도는 별들
Solar System

제2차 세계대전이 끝난 뒤 인류의 space race(우주 개발 경쟁)가 시작되었다. 1957년 10월 4일 구 Soviet Union(소련)이 세계 최초로 satellite(인공위성)인 Sputnik 1(스푸트니크 1호)을 launch(발사)했다. 그리고 한 달 뒤에는 Laika(라이카)라는 이름의 개를 Sputnik 2에 태워 launch했다. 이어서 1961년 4월 12일에는 인류 최초로 manned spaceship(유인 우주선)을 launch했다. 이때 spaceship(우주선)에 탑승한 Yuri Gagarin(유리 가가린)이 인류 최초의 astronaut(우주비행사)이 되었다.

1958년 NASA(미국 국립항공우주국)를 설립한 USA(미국)는 Jupiter(목성), Saturn(토성), Uranus(천왕성), Neptune(해왕성) 및 natural satellite(위성)와 ring(고리)을 탐사하려는 계획을 세웠다. 1977년 8월 20일 USA는 Voyage 2(보이저 2)를 Titan Ⅲ E rocket(타이탄 Ⅲ형 로켓)을 이용하여 launch하는 데 성공했다. 이어서 15일 뒤인 9월 5일에는 Voyage 1을 launch하였다. 1979년 Voyage 1은 지름길을 이용해 Jupiter에 4개월 빨리 도착하였다. Voyager는 이때부터 Jupiter에 대한 탐사를 시작해 지구로 정보를 내보내고 있다. 또 우주에 존재하는 지성을 가진 생물체에게 보낼 세계 55개국의 인

사말과 사진, 음악을 우주 공간으로 띄워 보내고 있다. Voyager는 원자력 전지가 유효한 2017년까지 탐사를 계속할 예정이다.

　Solar system(태양계)의 planet(행성)은 terrestrial planet(지구형 행성)과 Jovian planet(목성형 행성)으로 나눌 수 있다. Terrestrial planet에는 Mercury(수성), Venus(금성), Earth(지구), Mars(화성)가 있고, Jovian planet에는 Jupiter(목성), Saturn(토성), Uranus(천왕성), Neptune(해왕성)이 있다. 이렇게 나누는 criteria(기준)는 density(밀도), size(크기), period of rotation(공전 주기), component of atmosphere(대기 성분), natural satellite(위성)의 유무, inner planet(내행성)과 superior planet(외행성) 등이다.

　태양에서 가깝고 density가 크고, size가 작은 planet을 terrestrial planet이라고 한다. 태양과 가장 가까운 Mercury는 태양과 가깝기 때문에 water(물)와 atmosphere가 존재할 수 없다. 따라서 erosion(풍화 작용)도 일어날 수 없다. Mercury에는 volcanic eruption(화산 분출)으로 인한 crater(분화구)가 많이 남아 있어 moon(달)과 매우 비슷한 모습을 하고 있다. Atmosphere가 없으므로 greenhouse effect(온실 효과) 역시 없고 diurnal range of temperature(일교차)가 굉장히 크다. Temperature(온도)가 낮을 때는 영하 180°C까지도 내려가고, temperature가 높을 땐 420°C까지도 올라간다. Mercury는 solar system에서 제일 크기가 작은 planet이어서 gravity(중력)가 약한 탓에 natural satellite가 없다.

　Venus는 Mercury보다 태양에서 멀리 위치해 있지만 Mercury보다 temperature가 높다. Carbon dioxide(이산화탄소)의 양이 많아서 극심한 greenhouse effect로 temperature가 480°C까지 올라간다. Crater가 있지만 비교적 적은 편이고 그럼에도 volcanic eruption의 흔적은 가득한 planet이다. Venus는 다른 planet들과 반대로 rotate(자전)한다. 다시 말해 다른 planet들은 서에서 동으로 rotate하는데 Venus는 동에서 서로 rotate

한다. 그 까닭은 axis of rotation(자전축)이 약 177도 기울어졌기 때문이다. Venus는 rotation period(자전 주기)가 orbital period(공전 주기)보다 더 긴 planet이다. Orbital period는 224일이고 rotation period는 243일이다. 한편 옛날 사람들은 Venus가 새벽에 밝게 빛난다고 해서 morning star(샛별)라고 불렀는데, 그 이유는 Venus에는 두꺼운 atmosphere가 존재하고 이것이 태양빛을 잘 reflect(반사)해 밝게 빛나기 때문이다.

Mars는 axis of rotation이 25도 기울어져 있다. 그 때문에 Earth처럼 four seasons(계절)가 뚜렷하다. Mars의 polar cap(극관)을 살펴보면 four seasons가 존재하는지 알 수 있다. Polar cap이란 Mars의 polar regions(극지방)에 있는 dry ice(드라이아이스), rock(암석)을 뜻한다. 흰색을 띠고 있는 polar cap은 여름에는 녹아버리고 겨울에는 얼어서 커진다. Four seasons가 있다는 점, rotation을 한다는 점, trace of water(물이 흐른 자국)가 있다는 점 때문에 Mars는 solar system에서 Earth와 가장 비슷한 planet이다. Mars의 earth's surface(지표면)에는 oxidized steel(산화철)의 먼지가 많이 있다. Mars에는 Deimmos(데이모스), Phobos(포보스)라는 두 개의 natural satellite가 있다.

한편 Jovian planet(목성형 행성)에는 Jupiter, Saturn, Uranus, Neptune이 있다. Terrestrial planet과 반대되는 특성을 지닌 Jovian planet은 태양에서 거리가 멀어 얼음이 많고 기체가 밀집돼 있다. Jovian planet는 size가 크고 기체의 particle(입자)이 많아서 density가 작다. Jovian planet 중 하나인 Jupiter의 두드러진 특징은 여러 planet 중에서 size가 가장 크고 mass(질량)도 크다는 점이다. Jupiter의 mass는 지구의 317배 정도이다. Mass가 크면 gravity도 강하기 때문에 Jupiter는 natural satellite를 16개

나 지니고 있다. Jupiter는 크기가 큰 planet이지만 rotation의 속도가 빨라서 표면에 stripe(줄무늬)가 있다. Jupiter는 태양과 같이 planet을 이루고 있는 주성분이 hydrogen(수소)과 helium(헬륨)이다.

Saturn은 solar system에서 가장 커다란 ring을 갖고 있다. Ring에는 얼음과 먼지가 많다. Saturn은 Jupiter처럼 rotation의 속도가 빠르기 때문에 넓게 퍼진 oval(타원형)의 planet이 되었다. Mean density(평균 밀도)는 0.69g/cm³ 정도로 물보다 낮다. 그래서 Saturn을 물에 띄우면 뜰 것이라는 주장도 있다. Saturn에는 natural satellite가 약 62개 있다.

Uranus는 axis of rotation이 98도 정도 기울어져 있기 때문에 orbital plane(공전 궤도면)과 거의 right angle(직각)을 이루며 rotate한다. Mercury처럼 Uranus는 동에서 서로 rotate하는 듯이 보인다. Uranus의 주성분은 얼음이고, methane substance(메탄 물질)로 인해 청록색을 띠며 ring들이 있다. 지금까지 발견된 natural satellite는 대략 27개이다. Uranus에도 hydrogen과 helium이 있으나 Jupiter, Saturn보다는 적다.

Neptune도 태양과 거리가 멀기 때문에 주성분은 얼음이다. Uranus의 atmosphere는 Neptune의 atmosphere와 상당히 비슷할 뿐 아니라 Neptune처럼 methane substance로 인해 청색을 띤다. Neptune에는 atmosphere의 흐름이 활발한 편이다. 2,400km/h로 부는 atmosphere의 회오리로 인해 sunspot(대흑점)이 뚜렷이 나타난다. 지금까지 발견된 natural satellite는 13개이다. Neptune의 size는 Jovian planet 중에서는 가장 작다.

reading earth science

태양계는 태양, 8개의 공식적인 행성, 2개 이상의 '왜소 행성', 130개 이상의 위성, 수많은 작은 천체(혜성과 소행성) 그리고 행성 간 매질로 구성되어 있다.

점성학 대 천문학

메소포타미아, 이집트 및 중앙 아메리카 문명 같은 고대의 발달한 문명들은 어떤 형태로든 점성학을 인정했다. 점성학은 점성술적인 현상과 인간 삶의 여러 행사 간에 관계가 있다는 믿음을 바탕으로 한(be based on the belief that) 것이다.

그것은 별과 천체들을 이용해서 인생의 사건들을 인간이 설명하려는 시도이다. 점성술은 과학적 근거를 갖고 있지 않다. 점성술이 과학은 아니지만 그것이 천문학을 낳았다(give birth to). 천문학은 천체와 지구의 대기 밖에서 발생하는 모든 현상에 대한 과학적 연구이다.

태양 중심계(태양 중심설)

오랫동안 지구가 우주의 중심이라고 생각되었다. 이것은 니콜라우스 코페르니쿠스가 수학적으로 예견하는 태양 중심계를 처음으로 개발하고 나서야 바뀌었다. 태양 중심계는 지구가 태양계의 중심이 아니라 태양이 태양계의 중심이라는 설을 내놓았다. 코페르니쿠스의 태양 중심계는 갈릴레오 갈릴레이, 요하네스 케플러 그리고 아이작 뉴턴에 의해 더 증명되고 지지를 받았다.

The Solar System is made of the Sun, the eight official planets, at least three "dwarf planets", more than 130 satellites of the planets, a large number of small bodies(the comets and asteroids), and the interplanetary medium.

Astrology vs. astronomy

Ancient advanced civilizations such as the Mesopotamian, Egyptian and Central American civilizations acknowledged some form of astrology. Astrology is based on the belief that there is a relationship between astrological phenomena and the events in a human's life.

It is an attempt by humans to explain life events through the use of stars and celestial bodies. Astrology has no scientific basis. Although astrology is not science, it gave birth to Astronomy. Astronomy is the scientific study of celestial bodies and any phenomena that occurs outside the Earth's atmosphere.

The heliocentric system (the sun-centered theory)

It was long believed that the Earth was the center of the universe. This did not change until Nicolaus Copernicus first developed a mathematically predictive heliocentric system. The heliocentric system proposed that the Earth was not the center of the solar system but rather that the sun was the center of the

망원경에 의한 관측

갈릴레오 갈릴레이는 망원경 발명으로 유명했다. 갈릴레오는 자신의 망원경을 사용하여 목성과 금성 같은 태양계의 각 천체를 관측할 수 있었다. 그는 달의 분화구, 태양의 흑점 및 목성의 궤도를 도는 4개의 위성을 발견했다.

그 후에 크리스티안 호이겐스와 조바니 도메니코 같은 사람들이 토성의 위성과 고리를 발견했다.

1801년에 소행성 케레스의 발견은 주세페 피아치에 의해 이루어졌다. 케레스는 처음에는 새로운 행성으로 간주되었으나 이후에 다른 유사한 물체의 발견 때문에 지금은 소행성으로 분류되고 있다. 망원경의 발명으로 다른 행성들과 육안으로 보이지 않았던 천체들을 발견하게 되었다.

우주선 관찰

우주선 관찰은 기술의 발달로 가능해졌다. 현재 인공위성들은 태양계를 정확하게 관찰하는 수단을 제공한다. 현대의 우주 탐사 시대는 또한 러시아와 미국 간 경쟁이었다. 현대의 태양계 탐사 시대는 1957년 10월 4일 스푸트니크 1호 발사로부터 시작됐다.

스푸트니크 1호는 지구 궤도로 발사된 최초의 인공위성이었다. 러시아 항공 우주국은 스푸트니크 1호로 최초의 인공 위성을 대기 위에 올려놓는 영예를 얻었다. 이후 1957년 11월 3일 스푸트니크 2호가 뒤를 이었다. 스푸트니크 2호에는 라이카라는 이름의 최초의 살아 있는 우주견이 실렸다. 1959년 러시아의 달 탐사선 루나 1호가 오작동으로 인해 진로에서 벗어나는 바람에

solar system. Copernicus' heliocentric system was further proved and supported by Galileo Galilei, Johannes Kepler and Isaac Newton in the 17th century.

Telescopic observations

Galileo Galilei was famous for his invention of the telescope. Galileo was able to observe individual bodies of the Solar System such as Jupiter and Venus with the use of his telescope. He discovered the craters of the moon, the sunspots of the sun and the four satellites that orbit Jupiter.

Later, others like Christiaan Huygens and Giovanni Domenico discovered the moons and the rings of Saturn. The discovery of Ceres in 1801 was made by Giuseppe Piazzi. Ceres was first considered a new planet but due to later discoveries of other similar objects, Ceres is now classified as an asteroid. The invention of the telescope led to the discovery of other planets and celestial bodies that were not visible with the naked eye.

Spacecraft observation

Spacecraft observations were made possible through advances in technology. Satellites now provide a means to accurately observe the solar system. The modern age of space exploration also marked a competition between Russia and the USA. The modern age of Solar System exploration began with the launch of Sputnik 1 on October 4, 1957.

Sputnik 1 was the first artificial satellite to be launched into

우주선을 달에 착륙시키려던 러시아의 계획은 실패했다. 그 프로젝트의 원래의 의도에도 불구하고 루나 1호는 태양의 궤도를 돈 최초의 인공위성이 되었다.

루나 1호가 제작되기 전에 미 항공 우주국은 탐사선을 또 다른 행성에 보내려는 계획을 가졌다. 매리너 2호는 그러한 목적을 달성하기 위해 설계된 최초의 우주선이었다. 1962년 발사된 이 탐사선은 나중에 같은 해에 최초로 금성을 통과했다. 물론 과학자들은 한 개의 행성 방문만으로는 만족하지 않았다. 1965년 매리너 4호가 화성을 접근 통과했고 이후 몇 차례 화성 비행이 이어졌다. 후에 우주선 매리너 10호는 1974년 최초로 수성에 접근해 통과했다.

살류트 1호는 1971년 4월 19일 구 소련이 발사한 최초의 우주 정거장이었다. 파이오니어 10호는 최초의 로봇 우주 탐사선으로서 1972년 목성까지 최초로 행성 간 비행을 완수했다.

유인 태양계 탐사

러시아는 최초의 유인 우주선을 개발했다. 1961년 4월 12일 보스토크 1호는 27세의 유리 가가린을 지구의 대기 너머로 싣고 갔다. 이것이 유인 우주 탐사가 최초로 성공한 사례였다. 이 우주 탐사는 1시간 48분 동안 지속되어 지구 궤도 비행을 완수했다. 가가린의 우주 비행은 세계에 소련의 진보한 우주 계획을 과시했고 유인 우주 비행이라는 우주 탐사의 새 장을 열었음을 전 세계에 알렸다.

보스토크 1호 발사 후 1개월 이내에 미국은 앨런 셰퍼드를 머큐리-레드스톤 3호에 태운 유인 우주선을 발사하였다.

발렌티나 테레시코바는 러시아 최초의 여성 우주 비행사였다. 그녀는 1963년 6월 16일 보스토크 3호를 타고 지구 궤도를 348회 돌았다. 1969년

the Earth's orbit. Sputnik 1 gave the Russian space agency the distinction of placing the first human made object above the atmosphere. It was then followed by Sputnik 2 on November 3, 1957. Sputnik 2 carried the first living animal, the dog named Laika. In 1959, Russia's attempt to land a spacecraft on the moon failed when Luna 1 malfunctioned and veered from its course. Despite the original intentions of the project, Luna 1 went on to become the first manmade object to orbit the Sun.

Before Luna 1 was built, NASA had plans to send a probe to another planet. Mariner 2 was the first spacecraft designed with the intention of accomplishing that goal. The probe was launched in 1962 and made its first passing of Venus later that same year. Of course, scientists were not satisfied with visiting just one planet. Mariner 4 flew by Mars in 1965, and several mission to Mars followed. Later, the spacecraft Mariner 10 made the first flyby of Mercury in 1974.

Salyut 1 was the first space station of any kind, launched by the USSR on April 19, 1971. Pioneer 10 was the first robotic space probe that completed the first interplanetary mission to Jupiter in 1972.

Manned solar system explorations

Russia developed the first spacecraft to carry a human being. Vostok 1 carried the 27 year old Yuri Gagarin beyond the Earth's atmosphere on April 12, 1961. This was the first instance of successful human spaceflight exploration. The exploration completed one orbit around the globe which lasted for about 1

7월 21일 미국의 아폴로 11호에 탑승했던 닐 암스트롱이 달 표면에 발을 내디딤으로써(step onto) 그는 천체에 발을 들여놓은(set foot on a celestial object) 최초의 인간이 되었다. 1972년 이후 다섯 차례 더 달 착륙이 있었다.

오늘날에도 태양계를 더 탐사하려는(further explore) 계획이 몇 개 있다. 중국은 보스토크 1호 발사 이후 42년 만인 2003년 10월 15일 양리웨이를 우주선 선저우 5호에 태우고 중국 최초의 유인 우주선을 발사했다. 중국은 2020년까지 60톤 급 멀티 모듈 우주 정거장을 궤도에 둘 계획이라고 발표했다.

우주선 1호는 2004년 우주로 여행한 민간 자본에 의한 최초의 우주선이었다. 부시 전 미국 대통령은 또한 구 왕복선의 교체를 요구하는 프로그램인 우주 탐사 비전을 발표했다. 달에 대한 재방문 계획과 화성으로의 유인 우주 비행을 수행하려는 계획들이 있다.

hour and 48 minutes. Not only did Yuri Gagarin's exploration demonstrate the advanced Soviet Space program, it also marked the beginning of human space flight.

Within a month of Vostok 1's launch, the U.S launched its first person into space with Alan Shepard's suborbital flight in the craft Mercury-Redstone 3.

Valentina Tereshkova, a Russian astronaut, was the first woman in space. She orbited the Earth 348 times aboard Vostok 3 on June 16, 1963. On July 21, 1969, Neil Armstrong stepped onto the surface of the moon during the Apollo 11 mission, making him the first man to set foot on a celestial object. Since 1972, five more Moon landings have occurred.

These days, there are still several plans to further explore the solar system. China launched its first person into space, 42 years after the launch of Vostok 1, on October 15, 2003, with the flight of Yang Liwei aboard the spacecraft Shenzhou 5 (Spaceboat 5). China has announced plans to have a 60-ton multi-module space station in orbit by 2020.

Spaceship 1 was the first privately funded vehicle to go into space in 2004. Former President George Bush also announced the Vision for Space Exploration, a program that calls for a replacement for the old Shuttle. There are also plans to return to the moon and carry out a manned mission to Mars.

problem solving

문제 1 태양 중심설에 대해 간단히 쓰시오.

문제 2 지구를 비롯한 태양계 행성들의 탄생 이론 중에서 성운설이 가장 타당한 이론으로 인정받고 있다. 이러한 성운설을 지지하는 근거가 되는 것만을 보기에서 있는 대로 고르시오.

> a. 행성들의 나이가 거의 비슷하다.
> b. 행성들의 공전 방향이 모두 같다.
> c. 행성들의 대기 성분과 기압이 서로 다르다.

① a ② c ③ a, b ④ b, c ⑤ a, b, c

Example 1 Write briefly the Copernican theory.

Example 2 Including Earth, among different theories of planet birth the nebular theory is recognized as the most reasonable theory. Choose the correct numbers that support the evidence of the nebular theory.

> a. Most planets have same age.
> b. All the planets have same direction of orbit.
> c. Planets have different atmospheric composition and atmospheric pressure.

① a   ② c   ③ a, b   ④ b, c   ⑤ a, b, c

문제3 다음은 프톨레마이오스의 지구 중심설(천동설)을 옹호하던 사람들의 주장이다.

- 모든 천체는 지구를 중심으로 원운동한다.
- 별의 시차가 관측되지 않는 이유는 지구가 정지해 있기 때문이다.
- 물체는 우주의 중심으로 떨어지는 성질이 있다. 낙하 운동은 지구가 우주의 중심이라는 증거이다.

지구 중심설에 대해 합리적 반론을 가능케 한 과학사적 사실을 고르시오.

> a. 히파르코스는 별을 밝기에 따라 6등급 체계로 구분했다.
> b. 갈릴레이는 망원경을 통해 목성 주위를 도는 위성 4개를 발견했다.
> c. 뉴턴은 질량을 가진 물체 사이에 작용하는 만유 인력의 법칙을 발표했다.
> d. 베셀은 백조자리의 백조자리 61의 항성 시차를 측정함으로써 별까지의 거리를 계산했다.

① a, b　　② a, d　　③ c, d　　④ a, b, c　　⑤ b, c, d

➡ 해답 1. The theory that the Sun is the center of the solar system, not the Earth(지구가 태양계의 중심이 아니라 태양이 태양계의 중심이라는 설) 2. ③　3. ⑤

Example 3 These are the arguments from Ptolemaists, the believers of Ptolemaic system.

- All the celestial bodies revolve in a circle with the Earth as the center.
- The reason why stellar parallax is not measured is because the Earth is stationary.
- Objects have tendency to drop towards the center of the universe. The motion of a falling body is the evidence that the Earth is the center of the universe.

Choose a number that has all scientific and historical facts that rationally objects the geocentric theory.

  a. Hipparchos classified stars into 6 categories of brightness.
  b. Galilei discovered 4 satellites of Jupiter using telescope.
  c. Newton introduced the law of gravity an acting force between physical bodies.
  d. Bessel calculated a distance to a star by measuring the stellar parallax to the 61 Cygni of the Swan.

① a, b   ② a, d   ③ c, d   ④ a, b, c   ⑤ b, c, d

rest in earth science

Solar system의 formation(생성)

우리가 살고 있는 Earth는 solar system에 속해 있고 solar system은 다시 Milky Way(우리은하)라는 거대한 galaxy의 galactic center(은하핵, 은하의 중심)로부터 3만 광년 정도 떨어진 바깥쪽에 자리하고 있다. 이에 따라 Milky Way의 galactic center를 약 220km/s 속도로 turn around(돌다)하는 Sun은 제자리로 돌아오기까지 약 2억 5000만 년이 걸린다고 한다.

그런데 이런 solar system은 어떻게 생겨났을까? 과학자들에 따르면 solar system은 약 46억 년 전에 처음 만들어졌을 거라고 하며 solar system의 formation에 대해서는 다양한 이론과 학설이 있는데, 이 중 가장 널리 인정받는 것은 nebular hypothesis(성운설)이다.

Nebular hypothesis는 1796년 Laplace(라플라스)가 처음 제안한 이론을 수정해 발전시켜온 것으로, 이에 따르면 제일 먼저 Milky Way의 spiral arm(나선팔)에서 dust grain(티끌 알갱이)과 gas(가스)로 이루어진 cloud(구름)가 gravitational collapse(중력 붕괴)를 일으키고 이 cloud들이 gravitational contraction(중력 수축)을 계속한다. 이러한 contraction(수축)이 진행되면서 speed of rotation(자전 속도)이 빨라져 cloud들은 disk(원반)의 형태를 띠게 된다. 그와 함께 disk 형태를 띤 cloud의 중심부의 temperature와 density가 점점 높아져서 결국 nuclear fusion reaction(핵융합 반응)을 일으키기에 이른다. 그 concentrate(수축)된 mass의 대부분이 모여 Sun을 생성하고 남은 것은 primordial solar system(원시 태양계)을 형성하는데, 여기서 primordial solar system에서 planet, natural satellite, asteroid와 small solar system body(태양계 소천체) 등이 생겨난다.

그러나 nebular hypothesis는 Sun의 angular momentum(각운동량, 회전체의 각 부분의 운동량)을 설명할 수 없다는 한계로 인해 백 퍼센트 신뢰를 받고 있지는 못하다.

Solar system의 formation에 대해서는 20세기에 magnetic field(자기장)를 가지고 설명한 Hannes Alfvén(하네스 알프벤), Sun과 solar system의 terrestrial planet들의 가볍고 무거운 element(원소)들의 unequal(고르지 않다)한 공유를 근거로 Solar system의 origin(기원)을 설명한 Carl Friedrich von Weizsäcker(칼 프리드리히 폰 바이츠제커), 우주의 미립자에서 planet이 생겨났다는 Chamberlin-Moulton planetesimal hypothesis(챔벌린-몰튼 소행성설)를 주장한 Thomas Chamberlin(토머스 체임벌린)과 Forest Moulton(포레스트 몰턴), solar system에서의 tidal disruption or tidal filament hypothesis(조석 작용 또는 조류의 선 구조 가설)를 가지고 설명한 James Jeans(제임스 진스), Sun은 binary star(쌍성)이고 제3의 passing star(지나가는 별)의 접근으로 tidal disruption(조석 작용)이 일어나서 solar system이 만들어졌다고 주장한 Henry Russell(헨리 러셀)과 그 외 Otto Schmidt(오토 슈미트), Fred Whipple(프레드 휘플), Fred Hoyle(프레드 호일) 등이 있다.

Venus에서 사람이 살 수 있을까

20세기에 들어 인류는 space colony(우주 식민지)를 건설하는 꿈을 좀 더 구체적으로 꾸기 시작했다. 어떤 과학자들은 Venus를 space colony로 삼자는 획기적인 주장을 하기도 했다. 하지만 21세기인 오늘에도 space colony 건설은 요원하기만 하다. Venus는 atmosphere pressure와 temperature가 높아서 안전하게 land(착륙)하는 것도 어렵기 때문이다.

그래도 Venus에는 Moon이나 Mars에는 없는 advantage(유리한 점)가 있다. Venus의 gravity가 Earth의 90퍼센트 정도라는 점이다. Earth와 gravity와 비슷하기 때문에 인간이 adapt(적응)하기 그나마 쉬울 것이다. 또 Moon 다음으로 Earth에 가까이 있는 celestial body(천체)여서 accessibility(접근성)가 좋은 편이다.

인간이 Venus에 space colony를 건설하려면 두 가지 걸림돌을 해결해야 한다. 먼저 Venus에 무사히 갈 수 있는 spaceship을 개발해야 한다. Spaceship의 개발은 기술적인 문제이기 때문에 언젠가는 성공할 수 있을 것이다. 다음으로 Venus의 climate(기후) 조건을 Earth와 유사하게 변화시켜야 한다. 이를 realize(실현)하기 위해서는 Venus에 있는 엄청난 양의 carbon dioxide를 제거해야 한다. Earth의 atmosphere에 존재하는 carbon dioxide는 0.03퍼센트뿐인데도 greenhouse effect를 유발해 여러 가지 환경 문제를 낳는데 Venus는 carbon dioxide의 concentration(농도)이 자그마치 96.5퍼센트나 된다.

이에 NASA의 The John Glenn Center for Science Education(존 글랜 연구 센터)의 Geoffrey Landis(제프리 랜디스)는 earth's surface에서 살아야 한다는 고정관념을 버리라고 말한다. 그는 Jonathan Swift(조나단 스위프트)의 《Gulliver's Travels(걸리버 여행기)》에 나오는 Laputa(라퓨타)처럼 공중에 떠서 살면 된다고 한다.

Geoffrey Landis는 Earth보다 두터운 Venus의 atmosphere에 관심을 기울였다. Venus의 두터운 atmosphere는 density가 높으므로 Earth보다 큰 buoyancy(부양력)가 발생해 helium을 가득 채운 balloon(기구)을 띄우기가 훨씬 쉬울 테고 이 경우 작은 balloon을 이용해 큰 물체를 들어올릴 수 있을 것이다. 사실 Venus는 solar system에서 balloon을 제작해 탐사에 이용하기에 가장 적합한 planet일 가능성이 높다. 실제로 NASA에서는 뜨거운 열에 견딜 수 있는 balloon을 만들어 Venus의 surface(표면)를 탐사하려는 계획을 갖고 있다.

그러나 이러한 계획은 expenses(비용)가 막대하게 들뿐더러 설사 realize되어도 인간이 살기에 편한 곳은 아닐 확률이 높다.

지구과학 용어 색인

A

abnormal weather 기상 이변
absorb 흡수하다
accessibility 접근성
acid rain 산성비
acid soil 산성 토양
acidic 산성
active fault 활성단층
active volcano 활화산
aerosol 에어로졸
afforestation plan 사막녹화사업
Africa 아프리카
African Plate 아프리카 판
air current 기류
air mass 기단
Alps-Himalaya seismic zone 알프스-히말라야 지진대
alter 변질되다
alternative energy 대체에너지
altitude above sea level 해발고도
American Plate 아메리카 판
andesite 안산암
Andromeda 안드로메다자리
Andromeda galaxy 안드로메다 은하
angular momentum 각운동량
Antarctic Ocean 남극해
Antarctic Plate 남극대륙 판
Antares 안타레스
anti-desertification 사막화 방지
anticline 배사
anticyclonic belt 고기압대

Aquarius 아쿠아리우스
Aquila 독수리자리
Arabian Plate 아라비아 판
Arcturus 아르크투루스
area 지역
arid 건조한
arrange 배치하다
artic air mass 극 기단
aspite 순상 화산
asthenosphere 연약권
astronaut 우주 비행사
astronomer 천문학자
astronomy 천문학
Atlantic 대서양
Atlas 아틀라스
atmosphere 대기
atmosphere turbidity 혼탁도
atmospheric circulation 대기순환
atmospheric pressure 기압
average temperature for the year 연평균 기온
axis 축
axis of rotation 자전축

B

Baltic Sea 발트해
basalt 현무암
basaltic magma 현무암질 용암
basaltic rock 현무암질 암석
basin 분지

bay salt 천일염
bed rock 기반암
bend 휘다
Benioff zone 베니오프대
big earthquake 대지진
biosphere 생물권
block 차단하다
Bootes 목동자리
boundary 경계
Breadbasket 곡창지대
bromine 브롬
bromine compounds 브롬화합물
bulge 융기
buoyancy 부양력

C

cadmium 카드뮴
calcium 칼슘
caldera 칼데라
California Current 캘리포니아 해류
capable fault 활성 단층
carbon 탄소
carbon dioxide 이산화탄소
carbon dioxide emissions 이산화탄소 배출량
Caribbean Plate 카리브 판
carpet of wave-energy conversion 파도-에너지 변환 카펫
Cassiopeia 카시오페이아
celestial body 천체
celestial sphere 천구
Celsius 섭씨
Cenozoic era 신생대
Central America 중앙아메리카
centrifugal force 원심력

Cepheus 케페우스
Chamber l in-Moul ton planetes imal hypothesis 챔벌린 몰튼 소행성설
characteristic (특유의) 성질, 특질
cinder cone volcanoes 분석구 화산
circulation of ocean current 해류 순환
Circum-Pacific seismic zone 환태평양 지진대
Circum-Pacific seismic belt 환태평양 지진대
circumference 둘레의 길이
classify 구분하다
clean energy 청정에너지
climate 기후
climate change 기후 변화
climate system 기후 시스템
climatic 기후학적인
Climatic Change Convention 기후 변화 협약
clockwise 시계방향으로 움직이다
clockwise direction 시계 방향
coastal area 해안 지역
coastal seafloor 연안 해저
cobalt 코발트
Cocos Plate 코코스 판
coincidence 우연의 일치
cold current 한류
cold for three days and warm for four days 삼한사온
cold snap 한파
cold water fish 냉수성 어류
collapse earthquake 함몰형 지진
collide 충돌하다
columnar joint 주상절리
come and go of the tide 조수 간만
component 구성요소
component of atmosphere 대기 성분

composite volcano 복합화산
concentrate 수축하다
concentration 농도
Conch reef 칸크 산호초
confusion 혼동
constellation 별자리
continent 대륙
continental air mass 대륙성 기단
continental anticyclone 대륙성 고기압
continental arctic 대륙 북극성
continental crust 대륙지각
continental drift 대륙 이동
continental polar 대륙 극성
continental polar air mass 대륙성 한대 기단
continental shelf 대륙붕
continental slope 대륙 사면
continental tropical 대륙 열대성
contraction 수축
control 통제하다
convection 대류
convection current 대류 운동
convective cell 대류 순환
convergence zone 수렴 구역
convergent boundary 수렴 경계 구역
cool down 냉각되다
cooperate 협력하다
copper 구리
core 핵
Coriolis effect 코리올리 효과
Coriolis force 코리올리 힘
counter clockwise 반시계 방향으로 움직이다
counterattack 반격
counterclockwise direction 시계 반대 방향
countermeasure 대책

crack 균열
crash 박살 나다
crater 분화구
crater lake 화구호
criteria 기준
cross-section 횡단면
crude oil 원유
crust 지각
cryosphere 빙권
curve 곡선으로 휘다
cycle 주기
cyclone 열대성 폭풍
Cygnus 백조자리

D

daily inequality 일조부등
Dead sea 사해
debris flow 암설류
declination 적위
decompose 썩다
decrease 감소하다
deep-focus earthquake 심발지진
deep ocean current 심층해류
deep sea 심해
deep sea current 심층해류
deflect 편향하다
deflecting force 전향력
deflection 굴절
deforestation 산림 벌채
Deimmos 데이모스
Demeter 데메테르
Deneb 데네브
Denebola 데네볼라
Denmark 덴마크
density 밀도

density current 밀도류
density difference 밀도 차이
deposit 침전
depression area 침강지대
depth of water 수심
diastrophism 지각 변동
differential erosion 차별 침식
differential thermal power 온도 차이
discomfort index 불쾌지수
dissolve 용해되다
dissolved substance 용존물질, 용해된 물질
distance 이동 거리
distribution of precipitation 강수 분포
diurnal 하루 동안의
diurnal range of temperature 일교차
diurnal tide 일주조
divergence zone 발산 구역
Djibouti 지부티
dome-shaped volcano 종상화산
dome-type 돔형
Dominic Reeve 도미닉 리브
double volcano 이중화산
drought 가뭄
dry ice 드라이아이스
dry stream 건천
dust grain 티끌 알갱이
dynamic 역동적인

E

eardrum 고막
earth 지구
earth pressure 지압
earth surface 지표면
earth's crust 지각
earth's equatorial plane 지구 적도면

earth's surface 지표면
earthquake 지진
earthquake belt 지진대
easterlies 편동풍, 동풍
easterly wave 편동풍파
easterly wind 편동풍, 동풍
Eastern Pacific 동태평양
ebb tide 썰물
ecosystem 생태계
Ejecta volcanoes 화산 분출물
Ekman transport 에크만 수송
El Niño 엘리뇨
elastic strain energy 탄성 변형 에너지
elasticity 탄성
elasticity limit 탄성 한도
electric power 전력
electricity 전기
element 원소
emission 배출, 배출물
emit 배출하다
energy 에너지
energy resources 에너지원
environmental 환경의
environmental destruction 환경 파괴
environmentally-friendly 친환경적
epicenter 진앙
equator 적도
equatorial air mass 적도 기단
Equatorial Countercurrent 적도 반류
erosion 침식
Erta ale 에트라 에일
erupt 분출하다
eternal frozen earth 영구 동토지역
Ethiopia 에티오피아
Ethiopia highlands 에티오피아 고원
Euphrates River 유프라테스 강
Eurasian Plate 유라시아 판

eutrophication 부영양화
evaporate 증발하다
evidence 증거
excavation 굴착
exclusive economic zone 배타적 경제수역
expand 확대하다
expenses 비용
experiment 실험
explode 폭발하다
exploite 개발하다
exploration 탐사
explosion 폭발
explosives 폭발물
external force 외적인 힘
extract 뽑아내다

F

fault-line valley 단층신곡
fault 단층
fault line 단층선
fault plane 단층면
fault zone 단층대
fecal matter 배설물
feldspar 장석
Ferrel cell 페렐 순환, 페렐 세포
fill up 채우다
fine dust 미세 먼지
fish and shellfish 어패류
fishery 어장
fishing ground 어장
fissure 균열
fissure volcanoes 분출 화산
flat 평탄한
flight cancellation 항공기 결항
flood 홍수

flood tide 밀물
fluoride 불소화합물
Föhn phenomenon 푄 현상
fold 습곡
foot of a mountain 산기슭
force 힘
formation 생성
fossil 화석
fossil fuel 화석 연료
Foucault pendulum 푸코의 진자
four seasons 사계절
fracture 갈라지다
fracture 틈
freon 프레온
frequency 빈도
fresh water 담수
friction 마찰
full moon 보름

G

galactic center 은하핵
galaxy 은하, 은하계
gas 가스, 기체
GEF 지구환경기구
Gemini 쌍둥이자리
generator 발전기
gentle slope 완만한 경사
geographic 지리적
geologic age 지질시대
geological 지질학적
geological structure 지질 구조
geomorphologic 지형학적
Geophysicist 지구물리학자
George Hadley 조지 해들리
geosphere 지권

geothermal power 지열에너지
geothermal power generation 지열 발전 개발
geothermy 지열
germ 세균
give name 이름을 붙이다
give off 분출하다
glacier 빙하
global conveyor belt 지구 컨베이어 벨트
global warming 지구온난화
glossopteris 글로솝테리스
Gobi desert 고비 사막
grain 알갱이
granite 화강암
granitic rock 화강암질 암석
gravitation 인력, 중력
gravitational collapse 중력 붕괴
gravitational contraction 중력 수축
gravitational forces 중력
gravity 중력
Great African Rift 동아프리카 지구대
Great Bear 큰곰자리
greenhouse effect 온실효과
greenhouse gas 온실가스
gross generation 발전 총량
ground 지반
groundwater 지하수
growth 성장
guartz 석영
Gulf Stream 멕시코 만류
gush out 분출하다
Gustave Coriolis 귀스타브 코리올리

H

Hadley cell 해들리 순환, 해들리 세포

Hadley cell model 해들리 세포 모델
Haiti 아이티
harsh 거칠다
heat energy 열에너지
heat exchange 열 교환
heavy metal 중금속
heliocentric theory 지동설
high latitudes 고위도 지방
high pressure area 고기압 지역
high tide 만조
high water 밀물
high pressure belt 아열대 고기압대
Hugo Benioff 휴고 베니오프
Humboldt current 훔볼트 해류
humidity 습도
hurricane 허리케인
Hyades 히아데스
Hydra 바다뱀자리
hydraulic pressure 수압
hydrocarbon 탄화수소
hydrofluorocarbons 수소불화탄소
hydrogen 헬륨
hydrosphere 수권
hydrostatic pressure 정수압
hydrothermal solutions 열수용액
hypocenter 진원
hypocenter region 진원역

I

ice age 빙하기
Icelandic low 아이슬란드 저기압
ilmenite 티탄철
imbalance 불균형
impact 영향
increase 증가하다

India Ocean 인도양
indirect 간접적
Indo-Australian Plate 인도-오스트레일리아 판
induce 유도하다
infer 추론하다
influence 세력, 영향, 영향력
infrared light 적외선
infrared rays 적외선
inhabit 서식하다
inner core 내핵
inner planet 내행성
innovational 획기적
inorganic dust 무기질의 먼지
interact 상호 작용
Intergovernmental Panel on Climate Change 기후 변화에 관한 정부 간 패널, IPCC
interior 내권
intermediate-focus earthquake 중발지진
International Astronomical Union 국제천문연맹
international effort 국제적 노력
intersect 만나다
intertidal zone 조간대
intertropical convergence zone 적도 수렴대
ion-exchange method 이온 교환법
iron 철
iron sand 사철

J

jet stream 제트기류
joint 절리
Jovian planet 목성형 행성

Juan de Fuca Plate 후안데프카 판
Jupiter 목성

K

kaolin 고령토
kar 권곡
Krakatau 크라카타우 섬
Kurile Current 쿠릴 해류
Kuroshio Current 쿠로시오 해류
Kyoto protocol 교토의정서

L

La Niña 라니냐
lab equipment 실험실 장비
Labrador Current 래브라도 해류
Labrador Peninsula 래브라도 반도
Labrador Sea 래브라도 해
land development 토지 개발
landslide 산사태
lapilli 화산력
last cold snap 꽃샘 추위
latitude 위도
launch 발사하다
lava 용암
lava flow 용암류
lava plateau 용암 대지
lava tube 용암동굴
lead 납
Leo 사자자리
Leon Foucault 레옹 푸코
Libra 천칭자리
lime 석회
limestone 석회석

lithosphere 암석권
Little Bear 작은곰자리
logging 산림 벌목
longitude 경도
low latitudes 저위도 지방
low pressure 저기압권
low pressure area 저기압 지역
low tide 간조
low water 썰물
Lyra 거문고자리

M

magma 마그마
magnesium 마그네슘
magnetic field 자기장
magnetite 자철광
magnitude 진도
maintenance 유지
make one revolution 한 바퀴를 돌다
man-made disaster 인재
man-made earthquake 인공지진
man-made island 인공섬
manganese 망간
manganese crust 망간각
manganese nodule 망간단괴
manganese pavement 망간각
manned spaceship 유인 우주선
mantle 맨틀
marine biologist 해양생물과학자
marine city 해양 도시
marine ecosystem 해양생태계
marine energy 해양에너지
marine life 해양생물
marine pollution 해양 오염
marine snow 바다눈

marinopolis 마리노폴리스
maritime polar 해양 극성
maritime polar air mass 해양성 한대 기단
maritime tropical 해양 열대성
maritime tropical air mass 해양성 열대 기단
Mars 화성
mass 질량
mass extinction 대량 멸종
mean annual precipitation 연평균 강수량
mean density 평균 밀도
mean sea level 평균 해수면
mean temperature 평균 온도
Medusa 메두사
Mercury 수성
Mesosaurus 메조사우르스
Mesozoic 중생대
metamorphism 변성 작용
meteorologist 기상학자
meteorology 기상학
methane 메탄
methane gas 메탄가스
methane hydrate 메탄 하이드레이트
methane substance 메탄 물질
mica 운모
microorganism 미생물
mid-ocean ridges 대양저 산맥
middle latitude 중위도
midoceanic ridge seismic zone 중앙해령 지진대
migratory anticyclone 이동성 고기압
milestone 표석
Milky Way 우리은하
mineral deposit 광상
mineral resources 광물 자원
minimize 최소화하다
mixed tide 혼합조

moderate 온화한
Mohammad-Reza Alam 모하마드 레자 알람
monsoon 계절풍
Moon 달
moraine 빙퇴석
morning star 샛별
mountain range 산맥
move 이동하다
muddy seafloors 진흙 해저
muddy spot 진흙 지역
muggy 무덥다

N

NASA 미국 국립항공우주국
natural gas 천연가스
natural satellite 위성
Nazca Plate 나즈카 판
neap tide 조금
nebula 성운
nebular hypothesis 성운설
negative curl 음적 컬
Neptune 해왕성
neutrality 중성
neutralize 중화시키다
nickel 니켈
nitrogen 질소
nitrous oxide 아산화질소
normal fault 정단층
North Atlantic 북대서양
North Equatorial Current 북적도 해류
North Pacific air mass 북태평양 기단
North pole 북극
North Sea 북해
northeast monsoon 북동계절풍

northeasterly wind 북동풍
northern hemisphere 북반구
northernmost 최북단
northwest monsoon 북서계절풍
Norway 노르웨이
Norwegian Sea 노르웨이 해
nuclear fusion reaction 핵융합 반응
nutrient-poor 영양분 없는
nutrition 영양분
Nyasa 니아사 호

O

ocean 해양
ocean basin 대양 분지
ocean conveyor belt 해류 컨베이어 벨트
ocean current 해류
ocean floor 해저
ocean general circulation 해양 대순환
ocean mixing 해양 혼합
ocean trench 해구
ocean waves 파장
oceanic air mass 해양 기단
oceanic climate 해양성 기후
oceanic crust 해양지각
ocenic circulation 해양 변동
offset 해소하다
offshore airport 해상 공항
oil 석유
oil field 유전 지대
Okhotsk sea air mass 오호츠크해 기단
olivine 감람석
Olkaria 올카리아
opposite direction 반대 방향
orbital period 공전 주기
orbital plane 공전 궤도면

organic detritus 유기질 쇄설물
organic matter 유기물
organism 생물
Orion 오리온
orogen 조산대
Orpheus 오르페우스
Our galaxy 우리은하
outer core 외핵
output 생산량
oval 타원형
overpopulation 과밀화
oxide of magnesium 산화마그네슘
oxidized steel 산화철
oxygen 산소
ozone 오존
ozone layer 오존층

P

Pacific 태평양
Pacific Plate 태평양 판
pahoehoe 파호이호이 용암
Pangea 팡게아
parallel 평행
particle 입자
passing star 지나가는 별
Pegasus 페가수스자리
pendulum 추
penetrate 통과하다
perfect 완벽한
perfluorocarbons 과불화탄소
period 주기
period of rotation 공전 주기
Persephone 페르세포네
Perseus 페르세우스
petroleum 석유

phenomenon 현상
Philippines Plate 필리핀 판
philosopher 철학자
Phobos 포보스
phosphate ore 인광
phytoplankton 식물성 플랑크톤
pile up 쌓다
placer gold 사금
planet 행성
plankon 플랑크톤
plate 판
plate tectonics 판 구조론
platinum 백금
Pleiades star cluster 플레이아데스 성단
Pleione 플레이오네
plume tectonics 플롬 구조론
polar 극
polar air mass 한대 기단
polar cap 극관
polar cell 극 순환
polar gyres 한대 극환류
polar region 극지방
pollute 오염시키다
pollution 환경오염
Pollux 플록스
pore pressure 공극압
positive curl 양적 컬
potassium 칼륨
precipitation 강수량
predict 예측하다
preserve 보전하다
pressure gradient 기압 경도
pressure 압력
primordial solar system 원시 태양계
produce 생산하다
protists 원생생물
prove 증명하다

pyroclastic debris flow 화산 쇄설류
pyroclastic material 화산 쇄설물

route 이동 경로

R

rain 비
rainforest 열대우림
react 반응하다
real economy 실물 경제
realize 실현하다
reclamation project 간척 사업
recover 회복되다
recyclable 재활용이 가능한
Red sea 홍해
red tide 적조
reduce 줄이다
reduction 감소
reflect 반사하다
release 방출하다
repository 보고
resources 자원
respiratory disease 호흡기병
respiratory organ 호흡기
restrain 억제하다
rift valley 열곡
right angle 직각
right ascension 적경
ring 고리
ripple 물결
rise 올라가다
river valley 하곡
rock 암석
rock mass 암반
rotate 자전하다
rotation 자전
rotation period 자전 주기

S

Sagittarius 궁수자리
sailor 선원
salinity 염분
salt 소금
sampling process 표본 작업
satellite 인공위성
Saturn 토성
scarp 벼랑
Scorpius 전갈자리
sea current 해류
sea floor 해저
sea level 해수면
sea surface 해수면
sea temperature 해수면 온도
sea water 바닷물
sea wave 파도
seabed carpet 해저 카펫
seabed mineral resources 해저 광물 자원
seafloor spreading 해저 확장
seasonal rain front 장마 전선
sediment 침전물
sedimentary layer 퇴적층
sedimentary rock 퇴적암
sedimentary strata 퇴적암 지층
seep into 스며들다
seismic belt 지진대
seismic wave 지진파
seismometer 지진계
semi-conductor 반도체
semi-diurnal tide 반일주조
separate 떨어져 나오다
shallow-focus earthquake 천발지진

shield volcano 순상 화산
shoot up 솟아오르다
shoreline 해안선
shrink 위축되다
Siberian air mass 시베리아 기단
side effect 부정적 영향
similar 유사한
sink 가라앉다
size 크기
Skagen 스카겐
slack water 게조
slip 미끄러지다
slow down 늦추다
small solar system body 태양계 소천체
snap 끊어지다
snow 눈
soar up 솟아오르다
Socotia Plate 스코티아 판
soil 토양
soil erosion 토양 침식
solar energy 태양에너지
solar heat 태양열
solar radiation 태양 복사
solar system 태양계
source of motive power 동력원
source region 발원지
South-West Pacific 남서태평양
South Pacific 남태평양
southern hemisphere 남반구
southwest monsoon 남서계절풍
space colony 우주 식민지
space race 우주 개발 경쟁
speed of rotation 자전 속도
sphere 구
Spica 스피카
spiral 나선 모양
spiral arm 나선팔

spread out 퍼져나가다
spring 용천, 샘
spring tide 사리
Spring Triangle 봄의 삼각형
spring water 샘물
standardize 평균화하다
star 별
stationary 정지된, 변하지 않는
stationary anticyclone 정체성 고기압권
statistics 통계
steam 증기
steep slope 급경사
step fault 계단 단층
stick to 달라붙다
stike-slip fault 주향이동단층
store 축적하다
storm 폭풍
storm surges 폭풍 해일
strain 압력
stratosphere 성층권
stratum 지층
stress 응력
stripe 줄무늬
strong waves 강한 파도
strong wind 강한 바람
submarine 잠수함
submarine hydrothermal deposits 해저 열수광상
submerge 잠기다
subside 가라앉다
subtropics 아열대지방
Summer Triangle 여름의 삼각형
sun 태양
sun's rays 태양광
sunrise 해돋이
sunset 해넘이
sunspot 대흑점

superior planet 외행성
surface layer water 표층수
surface ocean current 표층 해류
surface tension 표면장력
synthetic 인공적인

tropical cyclone 열대성 저기압
tropical night phenomenon 열대야 현상
tropics 열대지방
troposphere 대류권
tsunami 쓰나미
tufa 응회암
tungsten 중석

T

Taklamakan desert 타클라마칸 사막
Taurus 황소자리
temperate regions 온대지방
temperature-hydrothermal gradient 온수-열수 작용 변화도
temperature 기온
temperature gradient 기온 경도
terrestrial planet 지구형 행성
theory of continental drift 대륙이동설
thermal energy 열에너지
thermohaline circulation 혈염분 순환
thermohaline upwelling 열염분 용승
tidal disruption 조석 작용
tidal power 조력
tidal streams 조류
tide 조수
tide gauge 조수 측정기
tin 주석
topoghaphy 지형
total emissions 총 배출량
trace of water 물이 흐른 자국
trachyte 조면암
trade wind 무역풍
transport 수송하다
tremor 진동
trench 해구
tributary 지류
tropical air mass 열대 기단

U

ultraviolet rays 자외선
UN peace-keeping force 유엔평화유지군
underlying rocks 기반암
underwater city 해저 도시
underwater research facility 해저 연구 시설
undulation 파도
UNEP 유엔환경계획
unusual weather phenomenon 기상 이변
updraught 상승 기류
upper layers 상층
upper mantle 상부 맨틀
upside 긍정적 영향
upstream 상류
Uranus 천왕성
utilize 활용하다

V

Vagn walfrid Ekman 방 발프리드 에크만
valley 골짜기
Vega 베가
Venus 금성

violent earthquake 강진
Virgo 처녀자리
volatile 불안정
volcanic 화산의
volcanic activity 화산 활동
volcanic ash 화산재
volcanic block 화산암괴
volcanic cone 화구
volcanic dust 화산진
volcanic earthquake 화산지진
volcanic eruption 화산 분출
volcanic island 화산섬
volcanic landform 화산 지형
volcanic sand 화산 모래
volcanic zone 화산대
volcanism 화산 활동
volcano 화산
volume of rock 암석

W

warm current 난류
waste material 폐기물
water column 수주
water permeability 무수성
water power 수력에너지
water temperature 수온
water vapor 수증기
water waves 수면파
wave-mud interaction 파도-진흙 상호
 작용

wave energy 파도 에너지
wave length 파장
wave power 파력
wave 파도
weather 날씨
weather center 기상청
weather front 전선
westerlies 편서풍, 서풍
westerly wind 편서풍, 서풍
western intensification 서안 강화 현상
Western Pacific 서태평양
westward 서쪽으로
wind 바람
wind and waves 풍랑
wind stress curl 응력 컬
wind turbines 풍력 발전

Y

Yangtze-river air mass 양쯔강 기단
yellow dust 황사
Yellow River 황하 강
yellow sand 황사
yellow sand phenomenon 황사 현상
Yellow sea 황해

Z

zinc 아연
zooplankton 동물성 플랑크톤